JN418991

사랑한다는 그 일

사랑한다는 그 일

초판 발행일 **2018년 12월 14일**

지은이 **신현미**
발행인 **김미희**
펴낸이 **몽트**

출판등록 **2012.12.20 제 2014-0000-38호**

주소 **안산시 단원구 고잔로 23-12**
전화 **031-501-2322** 팩스 **031-501-2321**
메일 **memento33@menthebooks.com**

값13,500원
ISBN 978-89-6989-039-9 03810

www.menthebooks.com

이 책의 제작비 중 일부는 안산시 문화예술기금을 지원받아 출판되었습니다.

「이 도서의 국립중앙도서관 출판예정도서목록(CIP)은 서지정보유통지원시스템 홈페이지(http://seoji.nl.go.kr)와 국가자료공동목록시스템(http://www.nl.go.kr/kolisnet)에서 이용하실 수 있습니다.

사랑한다는 그 일

아이조아 신현미 에세이

몽트

발 문

이룰 수 있는 꿈 _김미희 (소설가.에디터)

우리는 세상에 대해 꿈을 꾼다. 복지와 제도가 완비되어 일한 만큼 대우를 받고, 일하면서 아이를 편하게 키우고, 정의가 살아 꿈틀대는 세상. 세상에 없는 세상을 꿈꾼다.

아동문학가이면서 칼럼리스트, 수필가인 신현미의 『사랑한다는 그 일』은 그동안 신문과 잡지에 투고한 수필과 칼럼, 서평이 골고루 들어 있다. 그는 강의와 문학활동을 하면서 쉬지 않고 글을 쓰고 발표했다.

그의 글에는 힘이 있다. 약한 자들의 편에서 세상을 향해 종주먹을 들이대기도 하고 논리적으로 설득하기도 한다. 그렇다고 그가 사회참여만 하는 것은 아니다. 때로는 누구보다 감성적이고 다정하여 남의 아픔에 함께 울고 웃는 사랑스러운 사람이다. 약한 것들과 연대하고 그들에게 관심을 가지며 세상에 태어난 이유를 하나씩 채워간다.

그의 수필은 자신의 생활에서 느낀 신념을 담담한 어조로 풀어내고 있다. 아파트 동대표로 주민을 대변하여 일하기도 하며, 사회약자를 위해 봉사활동도 열심히 참여한다. 불의에는 이제 우리가 나설 때라며 역사를 비켜가지 않고 현재의 우리가 살아내는 것이라고 한다.

아이들에게 책을 읽어주다 보면 '그래, 이렇게 살아야 하는데', '큰일이야. 그러면 안 되는데' 하며 도리어 내가 감동받거나 반성할 때가 종종 있다. 우리가 기본적으로 알고 있고 마땅히 실천해야 옳지만 실제 그러지 못하는 일들이 동화에는 많이 나온다. 그래서 나는 어른들도 동화책 읽기를 권장한다. 온 가족이 동화를 읽으며 이야기 나누길 바래본다. (이전 것은 지나갔으니 보라 새것이 되었도다 중에서)

우리가 꾸는 막연한 꿈이 아니라 그의 꿈에는 현실이 있고, 대안이 있다. 그는 어른이 먼저 동화를 읽고 그리고 기본부터 지키는 사람이 되라고 한다. 무겁고 어려운 책이 아니라 쉬운 동화책을 읽고, 또 어려운 제도를 바꾸는 것이 아닌 기본을 잘 지키자고 한다. 너무 쉽다. 누구나 할 수 있다. 그래서 희망적이다.

이 책을 통해 더 밝고 건강한 세상을 다시 꿈꾼다. 이 세상에는 우리가 이룰 수 있는 꿈이 가득차기를!

작가의 말

대구에서 교편생활을 하던 어머니가 잠시 포항으로 전근 가셨던 때가 있었다. 그때 막내인 나를 낳으셨다. 그러니까 나의 법적 출생지는 포항이다. 그래서인지는 몰라도 아무런 기억이 없음에도 불구하고 이따금 포항 이야기가 나오면 알 수 없는 울렁임이 인다.

얼마 후 서울에서 연구원으로 근무하느라 홀로 떨어져 지내던 아버지의 부름으로 가족 모두 상경했다. 그리고 서울 사람이 되어 학교를 다니고 직장생활을 하고 결혼을 하고 아이를 낳아 길렀다. 그러니 누가 고향이 어디냐고 물으면 서울이라고 말할 수밖에 없다. 기억이 그뿐이니.

2001년 2월, 전세가격 폭등에 따른 주인집의 갑질로 임시 방편삼아 시댁이 있는 안산으로 올 때만 해도 곧 다시 상경할 생각이었다. 그러던 것이 18년째 머물고 있다. 이곳에 올 때 서너 살이던 아이들이 이제 스물, 스물한 살이다. 그러니 그들에게 있어 고향은 추억이 있는 안산이 되겠다.

초창기 안산생활은 어두움이었다. 아는 이 하나 없는 낯선 곳, 서울로 출퇴근하는 하숙생(?) 남편, 시어른들의 넘치는 관심, 독박육아 등으로 마음은 엉킨 실타래 같았다. 이러다 큰일 나지 싶어 교회와 문학단체를 찾아 활동하게 된 것이 나를 작가 행세라도 하게 한 마중물이 되었다.

아이들을 기르며 아동문학에 관심을 갖다보니 아동문학가로 등단하여 책도 몇 권 내게 되고 강의도 하게 되었다. 아이들이 자라면서 에세이에 관심을 갖다보니 지역 언론에 수필, 칼럼, 서평 등을 게재하게 되고 역시 강의도 하게 되었다. 이제 그 결실인 에세이집을 출간하게 되어 감사하다.

신현미 에세이집 <사랑한다는 그 일>는 그동안 안산지역 언론에 게재하였던 100여 편의 수필, 칼럼, 서평 중 60편만을 추려내어 묶은 것이다. 부족하나마 이 글들을 통해 누군가에게 공감과 위로가 되고, 나아가 단 한 명이라도 치유가 이루어진다면 정말로 기쁘고 보람되겠다.

2018년 12월

살맛나는 안산에서

아이조아 신현미

• 목차

1장_그 가을

2장_그 겨울

3장_그 봄

4장_그 여름

1장

그 가을

사실과 진실

영화 《트루스》는 미국의 제43대 대통령 조지 W 부시의 군복무 비리를 보도했던 CBS 방송국 프로듀서 메리 메이프스의 회고록 『진실과 의무: 언론, 대통령, 그리고 권력의 특권』을 바탕으로 만들어졌다.

부시의 군복무 비리 제보를 받고 힘들게 증거를 수집하던 메리는 어렵게 문서 하나를 입수한다. 전문가들의 감정을 통해 위조되지 않은 문서임을 확인하여 방송을 내보내지만, 사람들은 부시의 병역 문제보다는 문서의 진위 논란에 더 많은 관심을 보인다. 결국 문서가 위조되는 것이 불가능함에도 불구하고 그것을 증명하지 못해 메리는 해고된다.

이 영화는 겉으로 드러난 사실만을 보도하지 감춰진 진실까지 전하지 않는 언론의 상황에서 최고 권력을 향해 용기 있게 카메라를 든 한 여성 방송인의 이야기다. 비록 진실이라는 심증을 밝힐 만한 사실이라는 확실한 증거를 내놓지 못해 묻히긴 했지만, 진실을 밝히고자 노력했던 그녀의 선택에 박수를 보낸다. 제2, 제3의 메리를 통해 언제가 진실은 밝혀질 것이다.

보통 사람들은 사실과 진실을 같은 선상에 놓고 보는 경향이 있다. 하지만 사실과 진실은 엄연히 차이가 있다.

사전적 의미로 볼 때, 사실은 실제로 있었던 일이나 현재에 있는 일을 뜻하며 진실은 거짓이 없는 바르고 참된 사실을 뜻한다. 그러니 사실은 참일 수도 거짓일 수도 있지만 진실은 반드시 참이다. 문제는 드러나는 사실에 비해 숨겨진 진실을 찾기가 어렵다는 것이다. 그래서 사실에 입각하여 판결하거나 보도하는 법정이나 언론이 추리, 과학, 심리 등 온갖 방법을 동원해 진실을 밝히려 노력하는 것이리라.

최근 법정 드라마나 영화가 인기리에 방영되고 있어 시청자들이 법정에서 사실적 증거만을 택하여 판결하는 모습을 자주 접하게 된다. 이것이 현실이라면 사실이 곧 진실이라 믿을 수도 있겠지만, 드라마를 통해 이미 전지적 작가 시점에서 진실을 알고 있거나 알게 된 시청자들은 잘못된 법정 판결에 물 없이 고구마를 먹은 것 같은 답답함을 느낀다. 드러난 사실이 모두 진실은 아니라는 것을 알기에 의혹과 의협심, 문제제기의 마음을 갖게 된다.

최근 이상호 기자가 연출한 다큐멘터리 영화 《김광석》 상영으로, 21년 전 자살로 생을 마감했던 대한민국 대중음악계의 전설 김광석의 죽음이 큰 화두가 되었다. 그의 미스터리한 죽음을 둘러싸고 부인 서해순과의 불화설, 불륜설, 타살설 등이 대두되면서 매스컴을 뜨겁게 달구었다. 의혹, 문제제기, 사실증명, 진실공방 등 설왕설래 와중에 법은 서해순의 편을 들어주었다. 이유는 김광석이 타살됐다는 증거 불충분이다. 하지만 김광석의 친족과 수많은 팬들은 법의 판단과 달리 김광석을 죽음으로 몬 사람이 서해순이라 믿는다.

김광석 사망 사건에 대한 진실이 무엇인지 아직 잘 모르겠다. 단지, 증거불충분으로 법적인 심판은 할 수 없다 하더라도 김광석을 사랑하는 많은 팬들에게 서해순은 이미 죄인임에 틀림없다. 왜냐하면 김광석 사망 전후부터 지금까지 보인 그녀의 행동만으로도 충분히 지탄받아 마땅하기 때문이다.

필요에 따라 사실은 왜곡이나 조작이 가능하다. 그래서 진실을 밝히는 것을 더욱 힘들게 한다. 그래도 우리가 놓치지 말아야 할 것은 뭔가 의심쩍고 불합리하다는 의혹이 생겼을 때 파헤쳐보려는 노력이다. 설사 진실이 바로 밝혀지지 않는다 하더라도, 미움 받을 용기를 가지고 계속하여 심도 있는 접근을 시도한다면 언젠가는 밝혀지지 않겠는가!

특히나 법조인, 언론인, 문학인은 진실에 접근하려는 노력을 더욱 게을리 하면 안 되겠다.

대중의 마음을 움직이는 '넛지 효과'

얼마 전, 경북경찰청에서 노인을 상대로 한 범죄를 예방하기 위해 "할매·할배 안전송"을 만들어 시골 마을회관과 노인정을 찾아다니며 나눠주고 있다는 기사를 읽었다. 보이스피싱, 교통안전, 떴다방, 노인 학대에 대한 예방을 담은 노래로, 모르는 번호 '받지 마라', 교통안전수칙 숙지하여 '조심해라', 떴다방 사기수법에 '속지 마라', 노인 학대 참지 말고 112에 '신고해라' 총 4곡이다. 쉽고 흥겨운 멜로디와 가사를 통해 딱딱한 치안정책을 긍정적인 방향으로 유도하여 정책 흡수력을 높이고 있어 흥미로웠다. 넛지 효과다.

'팔꿈치로 살짝 찌르다'의 뜻을 가진 넛지(nudge)는 어떤 일을 강요하기보다는 스스로 자연스럽게 행동을 변화하도록 하는 유연한 개입을 말한다. 2009년 출간된 리처드 세일러와 캐스 선스타인의 행동경제학 책 《넛지》에서 집중적으로 소개돼 널리 알려진 개념이다. 저자 리처드 세일러가 올해(2017) 노벨경제학상을 수상하며 다시 부각되고 있다. 행동경제학은 기존의 경제학에 인간의 심리학을 접목한 학문으로, 인간의 심리가 경제적 선택에 영향을 미친다는 것이다.

남자 화장실을 깔끔하게 만드는 소변기의 파리 그림, 사람이 걸을 때마다 음악 소리가 나는 건강 계단, 선 간격을 점차 좁혀 자연스럽게 속도를 줄이고 사고까지 줄이는 S자 도로, 아무데나 버리던 쓰레기를 없애는 농구 골대 모양의 휴지통, 기다리는 시간을 잘 활용하도록 만든 은행이나 관공서의 번호표 등 넛지 이론과 전략은 곳곳에서 다양하게 쓰인다. 큰 돈 들이지 않고 초기설정만 살짝 바꿈으로 사람들의 자유의지를 존중하면서도 긍정적인 태도변화를 이끌어낼 수 있다. 남자화장실에 "화장실을 깨끗하게 쓰시오"라는 문구보다는 소변기에 파리 모양 스티커를 붙여놓는 게 훨씬 효과적이다.

어른아이 할 것 없이 보통 훈계의 대상이 되는 것을 싫어한다. 누군가의 명령하는 말투나 행동에 거부감을 느낀다.

그래서 강요하듯 하라고 하면 하기 싫어지고 하지 말라고 하면 더 하고 싶어진다. 나 또한 그렇다. 나이 오십 줄에 들어섰는데도 두루 부드럽게 대하지 못하고 센 사람 앞에서는 더 강해지고 여린 사람 앞에서는 한없이 약해진다. 그래도 센 사람 앞에서 약한 모습, 여린 사람 앞에서 강한 모습을 보이는 비겁한 사람들보다는 낫다.

이런 대중의 심리가 정부부처, 공공기관, 시민단체 등의 정책에도 두루 접목 활용되어 효과를 보고 있다. 세일러가 말하는 모든 넛지는 좋은 목적을 위해 쓰여야 한다. 그래서 넛지 사용에서 다음 세 가지 원칙은 꼭 지켜져야 한다. 첫째, 투명해야하고 오도해서는 안 된다. 둘째, 참여하고 싶지 않다면 언제든지 쉽게 빠져나올 수 있어야 한다. 셋째, 유도된 행동이 사람들의 삶을 더 낫게 만든다고 믿을 만한 충분한 근거가 있어야 한다.

이 세 가지 원칙에서 하나라도 벗어나면 '피싱'이 된다. 넛지라는 이름 아래 이뤄지는 민간 기업 활동 가운데는 잘못된 정책, 옳지 못한 상술이 종종 눈에 띈다. 건설, 금융, 언론, 문화, 교육, 서비스업 할 거 없이 자신들의 이득만을 위해 대중이나 고객의 마음을 교묘히 이용한다면 그것은 나쁜 넛지인 사기(피싱)에 해당한다.

좋은 넛지와 나쁜 넛지를 구별하는 것은 우리 대중의 몫이다. 하지만 정부부처, 공공기관, 시민단체 등에서 경북경찰청의 "할매·할배 안전송" 같은 좋은 넛지를 적극 활용하여 나쁜 넛지는 몰아내준다면, 민간 기업들이 고객에게 인정받는 투명한 기업 활동을 해준다면, 위험과 불만은 줄고 안전과 행복은 커지는 긍정적이고 건전한 사회가 될 것이다.

지금 우리는 어떤 '편력'을 가지고 있을까?

편력(遍歷)은 '여러 경험을 한다. 널리 이곳저곳을 돌아다닌다.'는 뜻으로 독서, 여행, 운동 등에 붙여 쓰면 긍정적인 느낌이지만 여성, 남성, 연애 등에 붙이면 부정적이 된다.

부정적 편력의 대명사인 '여성(남성) 편력'은 남성(여성)이 여성(남성)을 두루두루 경험한다는 뜻으로, 의도적으로 자기 이익을 위해서나 욕구 만족을 위해 수많은 여성(남성)들과의 사귐을 즐기는 이른바 바람둥이를 일컬을 때 쓰인다.

의도하지는 않았지만 다수의 이성과 엮이면서 잦은 만남과 이별을 겪는 경우도 편력에 속한다. 또 자신한테 맞는 상대를 찾기 위해 다수의 이성을 경험하는 긍정적 의미의 편력도 있다. 하지만, 어떤 이유에서든 연애에 있어 편력 있는 남성(여성)에 대한 사회의 시선은 곱지 않다. 기피 대상이다.

어찌 보면 연애 편력은 사생활에 속할 수 있다. 그럼에도 사회의 시선이 곱지 않은 이유는 간단하다. 정도의 차이는 있겠지만 공통적으로 자기감정에만 충실하다보니 이기적인 행동으로 다수의 사람들에게 상처를 주기 때문이다. 상처는 또 다른 상처를 낳는다. 상처가 반복되다보면 조직과 사회에 혼란을 일으킨다. 연애 편력이 심한 사람들은 보편적으로 책임감, 죄책감, 진실성이 결여된 경우가 많다. 사기와 횡령 등 여러 범죄 사례에 그들이 깊숙이 관여되어 있는 것을 볼 때 충분히 짐작할 수 있다. 그래서 그런 불안한 감정이 곱지 않은 시선으로 나타나는 것이다.

"우리나라 이곳저곳을 두루 편력하면서 국토의 아름다움을 느꼈어." "그의 독서 편력은 대단히 광범위하고 수준도 매우 높지." "시인의 다양한 인생 편력은 그의 작품에 고스란히 형상화되었다." "나의 운동 편력은 나를 만능 스포츠맨으로 만들어 놓았지."

편력을 독서, 여행, 운동 등에 붙이니 꽤 근사하고 긍정적이다. 어찌 보면 연애 편력에서처럼 자신의 감정과 욕구에 충실했을 뿐인데 긍정적으로 쓰인다. 왜 그럴까? 역시 단순하다. 사심 없이 좋아하는 분야에 최선을 다하기 때문이다. 여러 이성의 마음을 얻기 위해 속이고 기만할 일도 없고 상처 줄 일도 없다. 이해타산 없이 독서, 여행, 운동을 두루 경험하다보면 어느새 그 분야의 경지에 이르게 될 것이고, 이는 곧 다른 이들에게 존경과 경이로움을 느끼게 할 것이다. 같은 재능도 누가 어떻게 사용하느냐에 따라 참 많이 달라진다.

사람을 상대로 하더라도 의료, 심리, 철학, 인성 등 교육이나 학문적인 측면에서 두루 살피는 일은 직업 편력에 해당하는 것으로 절대 부정적이지 않다. 사심이 없기 때문이다. 그러고 보면 사심이라는 것이 일을 그르치는 원인이라 하겠다.

친절한 사람을 예를 들어 보자. 일단 친절한 사람은 다른 이들을 기분 좋게 한다. 그래서 인기가 많다. 그런데 조금 더 들여다보면 그 친절함의 정도와 사심의 유무에 따라 참 좋은 사람과 바람둥이로 구분된다. 모두에게 사심 없이 공평하게 적절한 선을 유지하며 친절하다면 참 좋은 사람이라 부르고, 뭔가 특별한 친절을 개별적으로 여러 이성에게 지속적으로 보인다거나 숨기는 것이 많으면 바람둥이라 부른다. 그래서 어떤 이는 스캔들 한번 안 나고 주변을 따뜻하게 하는 반면, 어떤 이는 늘 스캔들 메이커로 주변을 시끄럽게 하는 것이다.

이쯤 되면 지금 우리는 어떤 편력을 가지고 있나 뒤돌아볼 필요가 있겠다. 나 또한 문학을 하는 사람이라 다분히 감성적인 끼를 가지고 있어, 잘못 쓰면 남성편력의 소유자가 될 수도 있다. 하지만 다행히도 문학에 대한 열정과 편력, 문학인으로서의 자긍심과 자존감이 더 크기에 지금까지 그래왔듯이 앞으로도 쭉 그쪽으로 갈 일은 결단코 없을 것이다.

당신과 조직을 미치게 만드는 썩은 사과

조직에서 지속적으로 문제를 일으키는 사람이 있다. 그 또는 그녀는 강하다. 독하다. 고집이 세다. 웬만해선 그를 이길 수 없다. 그는 다른 사람이 한 일을 인정하려 들지 않는다. 꼭 자신이 나서서 훈수라도 둬야 직성이 풀린다. '내로남불(내가 하면 로맨스 남이 하면 불륜)'의 전형적 모습을 보인다. 이미 자신의 말이나 행동이 법이라고 여기기에 비양심적, 비윤리적 행동도 그럴싸한 이유를 달아 즐긴다. 부끄러움이나 죄책감이 없다. 그런 그에게 조언이나 충고 따위는 통하지 않는다. 오히려 역으로 공격할 빌미만 제공할 뿐이다.

그런 그의 행태를 지켜볼 수만은 없는 정의파들이 하나둘 나서보지만 역부족이다. 오히려 다치고 상처입어 만신창이가 된다. 그러다보니 차츰 지쳐서 조직을 떠나거나 조직 내에 머물더라도 이제 그의 어떤 행동에도 제재를 가하려 들지 않는다. 모르쇠로 일관한다. 그의 기세는 점점 커진다. 마침내 그의 추종 세력까지 생겨난다. 이제 조직은 원래의 색깔을 잃고 그에 의해 좌지우지 된다. 더 이상 그곳은 조직원들을 위한 곳이 아니다. 그에 의해 놀아나는 그곳엔 검은 그림자가 드리운다. 역겨운 냄새가 진동한다.

조직원 중에 이런 사람이 한 명만 있어도 문제가 큰데 조직의 리더가 이런 문제적 인물이라면? 아마도 그 조직은 거의 구제불능의 상태에 이를 것이다. 하지만 다행히도 이런 문제적 인물을 연구하고 분석하여 대응하는 방법까지 친절하게 알려주는 책이 있어 소개한다.

경영학자 미첼 쿠지와 심리학자 엘리자베스 홀로웨이가 함께 연구 분석하여 쓴 <당신과 조직을 미치게 만드는 썩은 사과>. 이 책은 썩은 사과로 비유되는 문제적 인물을 키우는 조직의 환경과 특성, 그로 인한 손실을 분석하여 통계적으로 밝혀놓은 책이다. 더불어 확실한 대응방법도 나오니 사이다처럼 시원하다.

썩은 사과(문제적 인물)는 업무 생산성을 떨어뜨리는 장기간의 행동을 통해 개인, 팀, 나아가 전체 조직을 병들게 하는 사람을 의미한다. 썩은 사과는 두 얼굴을 가지고 있어 잘 드러나지 않는다. 별 영양가 없어 보이는 하부 조직원들에게는 썩은 부분을 보이고 악취를 풍기며 위협하지만, 영향력 있어 보이는 세력에게는 친절하고 멋진 모습만을 보여준다. 그래서 썩은 사과에게 속고 있는 줄도 모르는 리더 세력은 썩은 사과를 마냥 보호하려 든다. 썩은 부분을 보게 되더라도 충고와 조언으로 고칠 수 있다고 생각한다. 하지만 썩은 사과는 절대 고쳐지지 않는다. 뿐만 아니라 반드시 조직에 손실을 가져온다. 비록 유능한 모습을 보이며 단기적 성과를 낸다 하더라도 그것은 닥쳐올 손실에 비하면 빙산의 일각이다. 썩은 사과는 혼자 썩지 않는다. 그대로 방치하면 전체를 썩게 한다.

조직을 아예 망가뜨리고 무너뜨릴 수도 있는 이런 썩은 사과에 대처하는 방법은 그럼 무엇일까? 단도직입적으로 말해서 조직 전체가 대응하는 것이다. 일대일 대응, 팀 대응도 필요하지만, 전체가 대응할 때 효과가 가장 크다고 책은 연구결과를 밝힌다. 포기, 적응, 타협, 무관심 등 소극적 대응에서 적극적으로 대응하는 조직으로 문화를 바꾸는 것만이 근본적인 해결책이 된다. 그래야 썩은 사과를 퇴치하는 것은 물론, 다시는 썩은 사과가 발붙일 수 없는 건전한 조직 환경을 만들 수 있다. 조직이 스스로 변화하거나 해결할 수 없을 때에는 전문가의 도움으로 보다 쉽게 해결하는 방법도 있다.

그동안 문제적 인물을 보고도 감싸주거나 못 본 척 넘어가던 리더와 조직원들은 각성해야 한다. 지속적으로 문제를 일으키는 문제적 인물은 소수의 힘만으론 이겨내기 힘들다. 멀쩡한 사과까지 썩어 조직이 전부 썩기를 원치 않는다면 함께 힘을 모아 해결해야 하겠다.

우리 사회에 만연한 쉬쉬 문화가 문제를 키운다

흔히 아이들의 잘못된 행동을 보면 "바늘도둑이 소도둑 된다고 저런 버릇을 처음에 못 고치면 나중에는 더 못된 짓을 할 게 분명해"라고 말한다. 여기에 나오는 속담 '바늘도둑이 소도둑 된다'의 말은 사소하고 자그마한 나쁜 일도 자꾸 해서 버릇이 되면 나중에는 돌이킬 수 없이 큰 죄를 저지르게 된다는 뜻이다. 소가 집안의 재산 1호이던 시절에 나온 말이니 소도둑은 엄청나게 죄질이 나쁜 큰 도둑이다.

어린 아들이 옆집에 놀러갔다가 작은 인형 하나를 들고 와서 엄마에게 보여주었다. 엄마는 대수롭지 않게 여겨 예쁘다고 말했다. 아들은 그것을 칭찬으로 생각하여 다음날도 그 다음날도 엄마에게 훔친 물건을 가져다주었다. 엄마는 그때마다 예쁜데, 좋은데 라고 말했다. 결국 큰 도둑으로 성장한 아들이 사형에 처해지게 되었다. 마지막 면회에서 아들은 우는 엄마의 얼굴에 침을 뱉으며 말했다. "당신이 나를 이렇게 만들었어."

소도둑의 죄질이야 명명백백하니 뒤로 하고, 이 엄마처럼 어쩌면 우리가 도둑을 키우는 사회의 구성원은 아닌가에 대해 깊이 생각해볼 필요가 있다. 요즘 세태는 잘못된 행동을 하는 사람을 보고도 누구 하나 나서서 이야기하려 들지 않는다. 속으로는 욕하면서도, 소문은 무성한데도, 큰 일이 터지기 직전까지 찜찜한 상태로 쉬쉬하며 잘못을 잠정적으로 덮는다.

괜히 나섰다가 일이 잘못되어 역으로 공격받을까 꺼리는 사람들의 심정이야 이해하지만, 한 사람의 잘못된 행동을 간과하여 피해당하는 사람이 자꾸 생겨나게 된다면 안 될 일이다. 더 많은 피해를 막기 위해서라도 그에게 일침과 제재를 가할 필요가 있다. 그것이 어쩌면 당장은 힘들어도 잘못된 행동을 하는 사람이 더 큰 죄를 짓지 않도록 돕는 일도 될 것이다.

그런데, 위의 엄마처럼 도둑질에 대한 잘못은 말하지 않고 오히려 가져온 물건이 예쁘네 좋네 하며 감싸고 칭찬을 한다면 어찌 될까?

멀쩡하던 조직이나 단체에 간혹 소도둑 같은 사람이 한 명씩 낄 때가 있다. 그가 처음부터 도둑의 정체를 드러냈다면 단체원으로 받아주지 않았을 것이다. 하지만 평범한 모습으로 나타나서 점차적으로 문제를 일으킨다. 그런데 이를 알고 있는 측근이 거듭되는 그의 도둑질을 문제 삼지 않고 가져온 물건에만 관심을 보이며 그를 감싸기에 급급하다면, 그들 측근 또한 도둑질에 동참한 꼴이 된다.

얼마 전, 필자가 소속된 단체 한 곳에서 일이 터졌다. 일부 임원의 부도덕한 행동에 관한 건으로 수년 전부터 내부적으로 문제가 되어오던 일이다. 하지만 내부 주요 인사 몇몇이 문제가 공론화 되면 정통성 있는 단체의 명예가 실추된다고 우려하는 통에 전체적으로 쉬쉬하며 덮어왔다. 그럼에도 불구하고 일부 임원의 부도덕한 행태는 멈추지 않았고 그 수위가 점점 높아지더니 결국 외부에서 문제화 되어 내부로 들어오게 된 것이다.

이번만큼은 그냥 넘어가면 안 된다는 단체 회원들의 목소리가 커지는 가운데 어떤 결과를 만들어낼지 내·외부의 관심이 쏠리고 있다. 잘못된 일도 자꾸 하다보면 죄책감이 사라진다. 충격적인 일도 자꾸 듣다보면 무뎌진다. 그래서 구성원이 어떤 성향을 가지고 있느냐에 따라 그 단체의 정체성마저 의심받게 되는 것이다.

자기 잘못은 조금도 인정하지 않고 기를 쓰고 결백만 주장하는 사람이나 맹목적으로 옹호하는 사람일수록 잘못된 행동과 판단을 했을 가능성이 높다. 사실 관계를 떠나 물의를 일으켰다는 것만으로도 일말의 책임감을 느껴 사과하고 들어가는 것이 보편적 사고를 가진 사람들의 일반적 행동이기 때문이다.

모두가 행복한 명절문화 만들어가요

올해는 추석 명절 연휴 기간이 길어서인지 국내외 여행 등 이미 일정을 짜놓은 사람들이 꽤 된다. 뒤늦게 합류하려다가 평상시 두 배 이상의 비용 때문에 포기하는 이들도 있다. 다양해진 명절의 모습 중에서도 이번 연휴는 특별하다. 열흘이라는 짧지 않은 기간으로 그동안 못했던 것들을 할 수 있는 좋은 기회이기 때문이다.

그런데 하필이면 이런 황금연휴기간에 고3 아들을 둔 필자 가족은 여행은커녕 명절도 제대로 못 느끼게 생겼다. 원래 가을에는 날씨도 좋고 하여 세종시 연서면에 있는 시댁에서 며칠씩 지내며 인근 도시의 관광명소를 돌곤 했는데, 연년생을 둔 탓에 2년 연속 안산에서의 소탈한 명절을 감내해야 한다. 고3 수험생을 둔 가정은 아마도 거의 같은 상황이지 싶다.

그나마 우리는 전국의 고3 가족이라는 특수한 경우로, 한 번씩 치르는 홍역 같은 과정이니 그리 쓸쓸하지는 않다. 하지만, 황금연휴의 행운을 만끽하는 사람들 주변에는 여러 여건으로 명절이 행복하지 않은 사람들도 있다. 그들이 느끼는 상대적 박탈감이나 소외감은 최장 연휴기간인 이번 명절에 가장 크겠다.

중산층 이상이거나 쉬는 날 상관없이 한 달 월급이 안정되게 나오는 이들은 빨간 날이 많을수록 여가활동을 더 많이 할 수 있어 좋겠지만, 모아놓은 돈 없는 서민층이나 일당제 관련 일을 하는 이들에게는 다다닥 붙은 빨간 날이 썩 반갑지 않다. 쉬는 날이 많으면 수입이 줄고 수입이 줄면 그만큼 여가활동은 그림의 떡이기 때문이다.

성적, 진학, 취업, 결혼, 분가, 출산, 승진 등으로 스트레스를 받고 있는 사람들 또한 명절이 반갑지만은 않을 것이다. 평소 보지 않던 일가친척을 만나는 반가움도 잠시, 생각 없이 오가는 말 속에서 서로 상처를 입히고 입는다. 심하면 갈등이 증폭되면서 분란이 일어나기도 한다. 그렇다고 피해서 어디 여행이라도 갈 상황도 안 된다. 이쯤 되면 즐거운 명절이 아니라 괴로운 명절이 될 것이다.

세월이 좋아졌다고는 하나 여전히 명절증후군으로 고생하는 주부들도 많다. 예전과 달라진 점이 있다면 며느리뿐 아니라 시어머니들도 바쁜 며느님들로 인해 명절이 달갑지 않다는 것이다. 인터넷 주부 관련 사이트엔 때가 때인지라 온통 추석명절 걱정들이다. 한쪽에서는 긴 연휴동안 유럽여행을 간다 동남아여행을 간다 하며 들떠 있는데, 다른 한쪽에서는 추석이 오기도 전에 소화불량, 두통, 우울감 등 명절증후군이 나타나고 있으니 이 또한 부익부 빈익빈인가 보다.

그렇다면 한쪽 즐거운 명절이 아닌, 모두가 즐거운 명절은 정말 힘든 것일까? 세월이 흐를수록 조금씩 나아지고 있는 거 같으니 아예 희망이 없는 것은 아니다. 명절에 국내외 여행을 가는 복 받은 이들은 그렇지 못한 이들을 배려해서 조용히 다녀오면 좋겠다. 그리고 아무데도 못 가서 뿌루퉁해 있는 이들이나 뭔가 안 풀려 근심 속에 있는 이들이 있다면 남과 비교하여 자신을 들볶지 말고 형편껏 명절을 즐겼으면 한다. 불만은 또 다른 불평을 낳아 불행으로 끌고 가기 때문이다.

왕래가 많지 않던 친척이 모이는 경우나 평소 갈등이 있던 가족의 경우는, 남의 일에 지나치게 간섭하지 말기를 권한다. 가볍게 건넨 말에도 상대는 상처 받을 수 있다는 것을 생각하면 불화는 면할 것이다. 그리고 여자들에게만 일을 떠넘기지 말고 남자들도 적극 나서서 함께 일하고 함께 즐기면 모두가 행복한 추석명절이 될 것이다. 거기에 아무 데도 가지 못하는 지역민들을 위해 추석연휴 무료 축제나 행사가 있다면 금상첨화겠다.

엄마들을 벌레라니요?

요즘 '맘충'이라는 말이 유행처럼 번져 안 그래도 육아로 힘든 엄마들의 마음을 후벼 판다. '맘충'은 엄마를 뜻하는 '맘(mom)'과 벌레를 뜻하는 '충(蟲)'의 합성어로, 공공장소에 아이를 데리고 오는 젊은 엄마에 대한 혐오를 극단적으로 드러내는 신조어다.

처음에는 일부 몰지각한 엄마들의 행동을 비난하는 차원에서 등장해 나름 공감을 샀다. 하지만 점점 "집에서 노는 주제에 어린이집에 아이를 보내는 맘충, 남편이 뼈 빠지게 돈 버는 동안 대낮에 카페에서 노닥거리는 맘충, 화장실에서 기저귀 가는 맘충, 식당에서 이유식을 데워달라는 맘충, 아이를 떼어놓고 직장에 나가는 독한 맘충, 아이를 데리고 외출하는 민폐 맘충"이라며 평범한 엄마들까지 벌레 취급하니 문제다.

아이들의 출입을 제한하는 '노키즈존'도 점점 늘고 있어 젊은 엄마와 아이들을 주눅 들게 한다. 아이를 동반했다가 입장거절 당하거나 맘충이라는 말을 듣는 상황을 접하게 되면 외출이 두려워진다고 한다. 수많은 여성혐오 표현과 함께 등장한 '맘충'이라는 단어는 이제 도를 넘어섰다. 출산 최하위 나라에서 국가의 출산장려정책과 상반되는 이해할 수 없는 사회적 현상이 엄마들을 위협한다.

왜 이런 현상이 일어나는 걸까? 사회학자들은 불안한 사회구성원들이 늘 혐오의 대상을 찾기 때문이라고 한다. 마녀사냥처럼 희생양이 필요한 것이다. 젊은 엄마는 어리고 여성이라는 약한 존재의 조건을 충족한다. 물론 사회적 지탄을 받을 만큼 몰지각한 행동을 하는 엄마들도 있다. 하지만 그 일부로 인해 성스럽기까지 한 '엄마'라는 존재를 '맘충'으로 둔갑시켜서야 되겠는가!

상황이 이러하니 알게 모르게 육아 스트레스로 정신과 치료를 받는 엄마들이 늘고 있다. 좋은 엄마가 되고 싶어 교육용 책과 프로그램도 접해보지만 크게 도움이 되지 못한다. 매일 반복되는 육아전쟁에다 주변의 따가운 시선과 말이 더해져 점점 좋은 엄마에서 멀어진다. 주변의 이해와 도움 없이 젊은 엄마 혼자 육아를 책임지는 것 자체가 무리다.

적당히 모르는 척 해주는 것이 구지 아는 척하면서 지적하고 가르치려 드는 것보다 낫다. 완벽한 엄마는 없다. 느긋한 성격의 소유자는 다소 게으른 면이 있고 바지런한 성격의 소유자는 다소 까다로운 면이 있다. 누구나 어느 한쪽으로 조금씩 기울기 마련이다. 그러니 사회가 완벽하게 양육하는 엄마만을 요구한다면 대다수의 평범한 엄마들은 딜레마에 빠져 허우적댈 수밖에 없다.

젊은 엄마들이 조금 어설퍼 보이더라도, 요즘 아이들이 조금 마음에 들지 않더라도, 꼭 지적하려고만 하지 말고 지켜보는 여유를 가졌으면 한다. 어찌 보면 젊은 엄마들이 양육에 서툰 것은 당연한 일이다. 그러니 서툴다고 무식한 엄마로 취급하여 야단치려고만 할 것이 아니라, 어디로 튈지 모르는 아이들을 키우면서 힘든 점을 같이 나누고 받은 상처를 위로해서 엄마들 마음부터 다독였으면 한다. 그것이 오히려 아이들을 잘 양육하는 기초가 될 것이다.

장난으로 던진 돌에 개구리는 맞아죽는다. 누군가가 쉽게 던진 말이 양육에 서툰 젊은 엄마들에게는 큰 상처가 되어 설 자리를 잃게 만든다. 그러니 더 이상 여성혐오와 약자혐오의 결정판인 '맘충'이라는 단어를 사용하지 말아야겠다. 이제 양육의 보람과 엄마라는 존재의 신성함을 젊은 엄마들에게 되찾아주면 좋겠다.

흥하는 지도자, 망하는 지도자

건국 이래 최고의 위기라고들 한다. 분노한 국민들이 촛불을 들고 광화문 일대를 밝히며 박근혜 대통령 탄핵과 하야를 외치고 있다. 노무현 대통령 때의 탄핵 반대 시위와 비교되는 점이다. 그래도 나라를 대표하는 대통령인데, 끝까지 지켜주어야 할 합당한 이유와 근거를 국민들이 찾고 못 찾고의 차이일 것이다. 구성원들의 인정을 받지 못하는 지도자는 더 이상 지도자라고 볼 수 없다.

현 시대는 분서갱유나 정보차단 등으로 국민의 눈을 멀게 하고 귀먹게 하던 시대가 아니다. 아무리 막아도 정보의 다양화로 국민들 중 일부는 이름만 걸어놓은 정치인들보다 아는 것이 더 많아졌다. 그래서 자신들의 이익을 위해 나라를 제멋대로 주무르는 나쁜 정치인들을 그대로 내버려두지 않는다. 일순간은 제멋대로 할 수 있겠지만 곧 들킬 것이고 들키면 끝이다.

2002년 미순이·효순이 사건 때 광화문 집회에서 처음 시작된 촛불시위가 이제는 대한민국의 시위문화가 되었다. 좋지 않은 일이 생기면 국민들은 거리로 나와 촛불을 밝히며 자신들의 의사를 표명한다. 팔구십년 대의 시위에 비해 엄청나게 발전하고 성숙한 모습이다. 간디가 늘 강조하던 비폭력 평화시위인 것이다.

이렇듯 국민들은 아는 것이 많아지고 시위도 성숙되고 있는데 정치는 자꾸 퇴보하는 것 같아 속상하다. 국민에게 알리면 자신들이 원하는 것을 얻지 못할까봐 자꾸 쉬쉬하며 일을 처리하니 문제가 생기고, 생긴 문제를 숨기려니 더 큰 문제를 만들고, 그러다 쌓이고 쌓여 결국엔 펑 하고 일순간에 터지는 것이다.

가만히 보면, 작은 단체조차도 구성원들에게 일의 경과를 알리는 것을 꺼려하는 지도자가 있다. 알면 말이 생기고 말이 생기면 시끄러워져서 성가시다는 이유다. 나는 그런 지도자의 생각이 옳지 않다고 단언한다.

구성원들이 조직의 돌아가는 일을 알게 되면 이런저런 일에 의견을 내고 싶어 한다. 그것은 자연스러운 일이다. 지도자가 소신껏 정말 하고 싶은 일이 있다면 구성원들과 충분히 소통하며 이해시키고 설득하면 된다. 그래도 다수가 계속 반대한다면 그 일은 일단 보류하여야 마땅하다. 그 정도로 반대에 부딪힐 일이라면 다시 검토해야 할 사안인 것이다. 그런 과정이 싫어서 불통하고 마음대로 조직을 움직인다면 결국 조직을 망하게 하는 지도자가 될 수밖에 없다.

구성원들의 마음을 읽지 못하면 좋은 지도자가 될 수 없다. 반대로 말하면, 구성원들의 마음을 읽어야 좋은 지도자가 될 수 있다. 그럼, 구성원들의 마음을 어떻게 읽을 것인가? 수평적인 의사소통을 통해야만 가능하다고 본다. 수직적인 소통은 경직되어 조직원들이 마음을 숨길 것이기 때문이다. 하지만 수평적인 소통은 편안하여 원활한 소통이 이루어질 수 있다. 그래야 조직원들의 마음을 좀 더 쉽게 알아낼 수 있고 각자 처한 상황을 파악할 수 있다. 그 후 적절히 조절하며 긍정의 길로 이끌어 간다면 분명 조직은 흥할 것이다.

물론 이 모든 것들이 솔선수범한 지도자의 건강한 모습을 전제로 한다. 말과 행동이 다른 지도자는 조직원들에게 신뢰를 얻지 못한다. 거기에 독불장군식이라면 미움을 받을 것이며, 구성원의 공감을 얻지 못하는 일을 무리하게 추진한다면 결국 그 조직은 망할 것이다.

작고 사소한 조직도 리더에 따라 흥하고 망하거늘, 하물며 한 나라를 책임지는 지도자는 더더욱 그 책임이 막중하다. 그러므로 구성원들도 지도자를 뽑을 때 신중에 신중을 기하여 제대로 된 안목으로 잘 선택해야 하겠다. 한 번 뽑힌 지도자는 조직이야 어찌 되든 잘 내려오려 하지 않는다는 것을 그동안의 경험으로 모두 알고 있지 않는가!

이 가을, 사람이 좋다

가을이 깊었나 보다. 이곳저곳에서 전화와 문자가 제법 온다. 허전하고 외로운 마음에서 했을 수도 있고 감사의 마음일 수도 있고 단순한 안부의 손길일 수도 있다. 여하튼 나 또한 같은 마음이기에 반갑고 고맙다. 일년 열두 달 중 명절 때의 형식적인 인사를 빼고는 11월이 가장 순수하게 연락이 많이 오는 달 같다. 이심전심이라고 서로의 안부를 챙기며 곧 사라질 가을의 허기를 달랜다.

좋은 사람을 만나면 우주를 얻는 기분이다. 활력이 넘친다. 화제가 끊이지 않고 대화에 재미가 있어 자꾸 만나 이야기 나누고 싶다. 서로에게 힘이 되고 용기가 된다. 대화가 겉돌아 만남이 지루하고 불편한 사람도 있다. 그런 사람과의 대화는 주로 제3자의 이야기가 주를 이뤄 뒤끝이 개운치 않다. 또, 만나면 불쾌한 사람도 있다. 상처 되는 말을 툭툭 던진다든가 무례한 행동으로 마구 속을 긁는다. 다시 만나고 싶지 않은 부류다. 모든 사람을 다 좋아하고 만날 필요는 없다. 기분 좋은 사람만 만나기에도 시간은 늘 부족하거늘.

누구나 자신만의 인간관계 유지 비법이 있을 것이다. 나는 외형적으론 사교적이나, 내면적으로는 사람을 많이 가리는 편이다. 그 사람의 말투, 행동, 사고, 인간성, 세계관 등을 오랜 기간 지켜본다. 배려 있게 말하고 행동하는가, 건강한 생각을 갖고 있는가, 사람을 아끼고 긍휼이 여기는가? 한결 같은가? 등 나만의 기준을 통과하면 그 사람을 마음 깊이 담는다. 그리고 가까이 하며 최선을 다해 교제한다. A형의 소심하고 섬세한 성격 탓에, 스스로 상처 받지 않으며 좋은 관계를 유지하려는 대처법인 것이다. 그래도 종종 실패할 때가 있는 것을 보면 좋은 사람을 만나는 것도 쉽지 않지만 관계를 유지하는 것은 더 만만치 않다.

이 가을의 끝자락, 안부를 물어오는 이들은 참 좋은 분들이다. 여기까지 관계를 유지해 왔다는 것이 그 증거다. 그래서 고맙다. 그럼, 나는 어떤 사람일까? 잠시 생각해 본다. 나 또한 누군가에게는 좋은 사람일 수도 있겠지만 또 미운 사람일 수도 있겠다. 거기까지 생각이 미치니 더욱 연락을 준 이들에게 감사를 느낀다. 특히 몇 분께는 감사패라도 만들어 드리고 싶다. 언제든지 내 편에 서서 생각해주고 용기와 힘을 불어넣어주며 자신의 영광까지도 기꺼이 나눠주는 분들, 무한한 신뢰가 아니면 가능할까? 그 분들께는 평생 감사와 사랑과 존경의 마음을 담아 잘하리라 다짐한다.

"사람이 좋다. 사람이 좋다. 좋은 사람과 차 한 잔 하고 싶다. 사람이 좋다. 사람이 좋다. 좋은 사람과 술 한 잔 하고 싶다. 아무 것도 아무 말도 필요 없어. 눈빛만으로도 충분해. 바라보는 것만으로도 그저 좋은 사람. 함께 있는 것만으로도 행복한 사람. 나는 그런 사람이, 사람이 좋다. 나도 그런 사람이, 사람이 좋다."

음악 마니아들에게 손꼽히는 가수 이창휘의 '사람이 좋다'라는 노래이다. 쉽고 간결하면서도 경쾌한 이 노래를 고마운 분들에게 바친다. 사람과의 관계 때문에 힘들고 아프고 상처도 받겠지만, 그래도 또 사람 덕분에 기쁘고 행복하고 보람도 느끼며 살아가지 않는가. 좋은 사람들과 만나 수북이 쌓인 낙엽을 바스락 밟으며 고독의 차 한 잔을 나누고 싶다. 인생을 논하고 문학을 이야기하고 싶다.

애끓는 이 가을이 다 가기 전에, 분주했던 봄과 여름 동안 잊고 지냈던 고맙고 그리운 이들에게 손 편지까지는 못 쓰더라도 문자라도 한 통 보내야겠다. 그러면 그이들도 나처럼 쓰윽 미소 한 번 지으며 가을을 흐뭇하게 마무리할 수 있지 않을까 기대하면서….

고통 저 너머 보이는 희망

지난 4일 밤 방송된 SBS '미운우리새끼'에서 칼럼니스트 허지웅이 원고 마감을 앞두고 창작으로 고통스러워하는 장면이 나와 화제였다. 허지웅은 '첫 문장이 가장 중요하다'고 말하며 창작의 고통을 해소하기 위해 운동, 샤워, 청소 등의 방법을 쓰기도 했다.

글쓰기뿐 아니라 창작하는 일에 종사하는 사람이라면 누구라도 공감할 것이다. 나 역시 작가로 글감이 떠오르지 않으면 정말 미쳐버릴 것만 같다. 그러면 허지웅처럼 환기를 위해 몸 쓰는 일을 한다든지, 정보를 찾아 인터넷 검색을 한다든지, 영감을 얻기 위해 사람을 만나고 여행도 떠나보지만 글감은 콧대 높은 연인마냥 쉽사리 잡혀주지 않고 마냥

애를 태운다.

지쳐 포기할 때쯤, 기적처럼 글감이 떠오른다. 그러면 한시름 놓고 본격적으로 글쓰기에 들어간다. 하지만 글쓰기도 만만치 않다. 때에 따라서는 쉽게 써질 때도 있지만, 온 몸의 기를 다 소진할 만큼 힘들게 써질 때가 많다. 그러고 보면 나는 타고난 재능이 있는 거 같지는 않다. 그런데도 지인들은 쉽게 생각하여 크고 작은 글쓰기 부탁을 참 많이 해온다.

쓰고 고치고를 여러 번 반복하고서야 한 편의 글이 완성된다. 완성된 글도 완벽하다고는 볼 수 없다. 볼 때마다 고칠 부분이 나오기 때문이다. 시간도 없고 고치는 일에도 지치면 '이정도면 무난해' 하며 자기위안을 삼아 마무리하는 것이다.

천재 미술가인 로댕이나 피카소도 창작의 고통을 앓았다. 그들은 영감을 얻기 위해 끊임없이 젊은 여인과의 사랑을 갈구했다. 해바라기의 화가 고흐는 정신질환을 앓다가 결국 스스로 목숨을 끊었다. 고흐가 로댕이나 피카소처럼 사랑꾼이었다면 좀 더 오래 살지 않았을까 싶기도 하다. 세기의 내로라하는 예술가들의 이면을 보면 누구보다 고통스러운 창작의 길을 걸어 걸작을 완성한 것을 알 수 있다.

수능을 한 주 남겨놓은 고3 딸이 음악을 한다. 가스펠을 포함한 실용음악 작사와 작곡을 준비하고 있는데 올 3월에 큰 위기가 왔었다. 고1 여름방학 때 스스로 좋아서 부모의 반대를 무릅쓰고 선택한 음악의 길이지만 하면 할수록 어려워지는 창작의 길에서 슬럼프에 빠졌던 것이다. 차마 부모에게는 말을 못하고 혼자 방황하다가 심각하게 음악을 그만둘까를 고민해왔다.

순간 힘든 음악의 길을 포기한다니 잘됐다 싶었지만 다시 한 번 생각하라고 시간을 주었다. 산을 오를 때 오르막과 내리막이 반복되어 진을 빼지만 그래도 포기하지 않으면 언젠가는 정상에 오를 수 있다. 그런데 중간에 포기하고 내려가면 그동안 들인 공도 아깝고 나중에 후회할지도 모른다는 생각에서였다.

다행히 딸의 슬럼프는 곧 회복되어 몇 달 후 한층 성숙된 작품으로 우리 가족을 눈물짓게 하였다. 분주했던 1차 수시의 성과는 아직 없다. 하지만 나는 조급해 하지 않는다. 이미 딸은 음악이라는 창작의 길로 들어섰고, 재능도 없이 마냥 우기는 것처럼 보이던 철없던 모습에서 이제는 지인들을 충분히 감동시킬 만큼 성장하고 성숙해진 모습을 보이기 때문이다. 포기하지 않고 이만큼 온 것만으로도 충분히 감사하다. 그 다음은 하늘의 몫이라고 생각한다.

내가 창작의 고통을 몰랐다면 딸의 고통을 이해했을까? 나는 문학으로, 딸은 음악으로 각자의 달란트를 포기하지 않고 최선을 다해 개발한다면 언젠가 좋은 성과가 있으리라 확신한다. 모든 창작하는 이들이여 포기하지 말자. 우리의 고통 저 너머에는 희망이 있으리니!

어린이는 어른의 아버지

"하늘에 무지개를 바라 볼 때면/ 내 가슴은 뛰누나!/ 내 어렸을 적에도 그러하였고/ 어른이 된 지금도 그러하니/ 늙어진 뒤에도 그러하리라/ 아니라면 죽음만도 못하리./ 어린이는 어른의 아버지/ 내 생의 하루하루가/ 자연을 기리게 하소서." (워즈워스 '무지개')

이 시는 영국의 낭만주의 대표시인 워즈워스의 대표작 중

하나로, 무지개에 대한 명상을 통해 동심의 소중함을 일깨우고 자연에 대한 경건함을 갖게 만든다. 이 시의 압권은 '어린이는 어른의 아버지'라는 역설적 표현이다. 천진난만하고 개방적이고 감수성이 풍부한 어린 시절에 느낀 자연에 대한 정서가 마음속에 깊이 간직되어 있다가 어른이 된 후에도 나타난다는 의미로 볼 때, 어린이는 어른의 아버지라는 표현은 옳다.

글쓰기를 가르치다 보면 거꾸로 아이들에게서 배울 때가 많다. 맑고 순수한 아이들의 글에서 기교를 부린 내 시가 부끄러워지기도 하고, 이것저것 재지 않고 있는 그대로 이야기하는 아이들의 솔직함에 내 위선이 찔리기도 한다. 뛰어난 상상력은 정말이지 부럽기 그지없다. 하얀 도화지 같이 깨끗한 아이들의 삶이 앞으로 많은 관계들을 통해 어떻게 그려져 나갈지 기대가 된다.

"훨훨 나는 나비/ 꽃을 찾아 빙빙/ 어느 꽃에 앉을까?/ 내 머리 위에 앉아/ 머리핀이 되었네." (고잔초2 간미진 '나비')

작년 봄, 원고잔도서관에서 초등 저학년 친구들과 독서수업을 할 때 미진이를 처음 만났다. 저학년들은 산만하여 길게 수업하기가 힘들다. 그래서 나름 재미있는 거리를 만들어 매주 다양하게 수업을 한다. 그때 수업에 적극적인 또래 1학년 친구들과 달리 미진이는 소극적이었다. 그러나 가을 하반기 수업 때 시 쓰기를 계기로 수업에 적극성을 보이더니, 올 봄 위의 동시 '나비'를 써냈다. 나는 이 동시를 보고 감탄했다. 누가 이 아이에게 이런 시상을 주었을까? 작가인 내가 미진이의 시 앞에서 한없이 작아지는 느낌이었다.

"우리는 모두 다 권리가 있어요/ 나의 권리만 중요하게 여기지 말고/ 다른 사람의 권리도 중요하게 생각해야 해요/ 우리 모두 존중하고 배려하여/ 권리를 나누고 지켜요." (본오초3 고혜주 '권리')

올 가을, 본오초등학교 문예교육 시간에 만난 3학년 혜주가 쓴 시다. '권리'에 대한 수업을 하고 난 후 쓴 시로, 다른 친구들이 자신의 권리에 집중할 때 혜주는 남의 권리도 소중하다고 외친다. 누가 이 초등학교 3학년 아이에게 이런 인성을 주었을까? 손해 보지 않으려고 옹벽을 쌓던 내 자신이 부끄러워지는 시간이었다.

어린이들에게 이런 감성과 인성을 고르게 심어주고 그대로 간직하며 살아가게 한다면 지금 같이 나라를 뒤흔드는 초유의 사건들은 다시 일어나지 않을 것이다. 하지만 무궁무진한 가능성을 지니고 있는 아이들에게 자꾸 어른들의 욕심을 주입한다면 문제는 늘 생길 것이다. 그래서 나도 이 기회에 속된 욕심을 비우고 내재되어 있던 어린 시절의 감성을 불러오려 한다.

슬픔은 시가 되고 노래가 되어

안산문인협회에서 지난 22일 토요일 진도로 문학기행을 다녀왔다. 백색장발의 헤어스타일로 예술가 일행을 압도시킨 멋쟁이 기사님이 적정속도를 잘 지켜주신 덕분에 긴 시간의 여행에도 멀미 하나 없이 안전하게 다녀올 수 있었다. 갈 때는 약속 시간보다 늦게 도착하여 느리다는 불평도 있었지만 교통법규 준수라는 면에서 당연한 일이라 올 때는 늦은 귀가에 구애받지 않고 편안히 왔다.

2014년 4월의 아픔을 예술로 승화하며 3년간 이어져오는 진도문인협회와의 교류는 아직도 뜨겁다. 진도읍에 도착하니 진도협회가 준비한 따끈한 점심식사가 기다리고 있었다. 늦게 도착한 터라 진도의 맛을 음미할 시간도 없이 허겁지겁 허기만 달래고 서둘러 행사 장소인 여성플라자로 향했다.

가는 길에 향토문화회관 마당에서 흰 저고리에 빨강, 파랑 치마를 입은 여성들이 손에 손을 잡고 둥글게 돌면서 춤을 추고 있는 모습이 보였다. 아무리 바빠도 그냥 지나칠 수 없는 자태라 사진 몇 컷을 찍었다. 진도문화예술제 기간으로 '대한민국 강강술래 경연대회' 중이었다. 일행들의 찾는 소리에 놀라 잰걸음 질을 치면서도 고개는 계속 뒤로 돌아갔다.

'시와 음악의 만남'이라는 주제로 진행된 진도문인협회 주최의 행사는 한마디로 멋졌다. 진도난타로 흥을 돋우고 진도 문인들의 차분한 시낭송으로 우아하게 진행되다가, 몽골 전통 음악인 '흐미(목으로 발성하는 노래)'에 가서는 감탄을 자아내게 하더니 허스키하면서도 강한 매력의 색소폰 연주가 모두를 흥분의 도가니로 몰아갔다. 그리고 서서히 안산 문인협회의 재치 있고 상큼한 시낭송과 아름다운 클래식 악기 연주로 우리를 문인 본연의 자리로 돌려놓았다. 안산문협 회원들도 대단하지만 진도문협 회원들의 주체할 수 없는 예술적 끼에 반했다.

아쉬움을 뒤로 하고 두 협회 회원들은 진도 시인들의 시비(詩碑)에 들렀다가 팽목항으로 갔다. 숙연해진 일행은 무슨 일이라도 있었냐는 듯 시침이 뚝 떼고 있는 바다를 멍하니 둘러보다가 세월호 희생자들과 미수습자를 추모하는 시낭송의 시간을 가졌다. 어떤 것으로도 팽목항과 안산의 슬픔을 달랠 수는 없겠지만 우리의 진심이 조금이라도 희생자들의 영혼에 닿길 바라는 간절한 마음이었다. 슬픔은 시가 되고 노래가 되어 예술의 혼을 불태우리라.

저녁식사 시간은 반주도 한 잔씩 하면서 조금 느긋하게 즐겼다. 새콤달콤한 전어무침과 왁자지껄함이 안주가 되어 사람 사는 냄새를 풍겼다. 진도아리랑이 흘러나오고 즉석 노래가 이어지고… 다들 그대로 진도에 머물고만 싶은 표정들이었다.

그래도 갈 사람은 가야 하겠기에 우리 일행은 자리를 털고 일어나 진도문인협회의 융숭한 대접에 감사의 인사를 드렸다. 그리고 가까운 시일 안에 안산에서의 해후를 기약하며 차에 올랐다. 진도는 그렇게 시야에서 점점 멀어져갔다. 하지만 마음에 고이 담았다. 진도에서 찍은 사진을 보며 차마 그 흥을 숨길 수 없어 들썩들썩 남은 시간을 하얗게 불태우며 왔다. 안산은 알고 있겠지? 진도가 얼마나 안산을 사랑하는지. 진도는 알고 있겠지? 안산이 진도를 얼마나 그리워하는지를.

갈등하기에 살아있는 삶이다

미래를 보는 눈이 있으면 좋을까? 사람의 마음을 들여다볼 수 있다면 행복할까? 이것이라는 확신이 있으면 편할까? 우리는 미래를 볼 수 없기에 선택의 기로에 설 때마다 늘 갈등하고 고민한다. 그리고 선택한 일에 대해 후회도 한다. 다른 길로 갔으면 좀 더 나았을 걸 하고.

하지만 미래를 다 안다면 삶에 흥미를 잃을 것이다. 마치 드라마나 영화의 뒷이야기를 들으면 재미를 잃는 것처럼 말이다. 또, 사람의 마음을 들여다본다면 괴로워서 병이 나든지 싸움이 날 것이고, 결정마다 확신이 따른다면 별 노력이 필요 없어 교만으로 삶이 건조하고 피폐해질 것이다.

'나는 생각한다. 고로 존재한다.' 근세철학자 데카르트가 남긴 말이다. 종류만 다를 뿐이지 생각하지 않는 사람은 없다. 비록 허황되고 터무니없다 하더라도 생각은 사람을 성숙시킨다. 인간과 침팬지의 유전자는 98% 같고 단 2%만 다른데, 그 2%가 호기심이 있고 없고의 차이란다. 호기심은 갈등하게 하고 생각하게 하다가 놀랍고 경이한 창작품을 낳게 한다.

자연의 변화를 신화적 해석에만 의존하던 고대에도 이미 자연의 변화 이면에 무언가 있을 거라는 호기심으로 문제를 제기하고 증명해 보이고 해답을 얻고자 노력해온 자연철학자들이 있었다. 그들은 자연의 법칙을 발견하려 애썼다. 그들의 노력은 학문으로서의 첫걸음을 내디뎠을 뿐 아니라 자연 과학의 원동력이 되었다.

그 이후 수천 년간 인간의 끊임없는 호기심과 갈등은 전진과 후퇴를 거듭하다가 오늘의 발전을 이루었다고 본다. 실패, 좌절, 분노, 추락, 전쟁, 공포, 죽음 등 판도라의 상자에서 쏟아져 나온 많은 어둠의 권세들도 있었지만 결과론적으로 보았을 때 우리는 발전하였다.

사람들은 대체로 하루에도 몇 번씩 갈등한다. 할까 말까, 갈까 말까, 먹을까 말까…… 사소한 문제부터 큰 문제까지 갈등은 반복된다. 그럴 때 주로 나는 느낌을 중요하게 여긴다. 논리적이고 과학적인 사고를 통해 결정하는 것은 머리가 아파, 주로 느낌에 의존하는 편이다. 성공할 때도 있고 실패할 때도 있다. 하지만 실패가 꼭 나쁜 것은 아니다. 적어도 다음에 같은 실수를 반복하지는 않으니까.

미국의 억만장자들이 은퇴 후에 모여 살던 '선밸리'라는 도시에는 부족한 것이 없었다. 그런데 이상하게도 풍족한 그 도시의 치매 발생률이 보통의 도시보다 높았다. 연구 결과 스트레스, 걱정, 변화 이 세 가지가 없는 것이 그 원인으로 밝혀졌다. 고민이나 갈등을 겪지 않아 스트레스를 이겨내는 면역력이 약해져 쉽게 치매에 걸리게 된 것이다. 그 후 적당한 스트레스와 갈등은 더 건강하게 사는 방법임을 깨달은 억만장자들은 각자 살던 곳으로 돌아갔다고 한다.

내적으로 성숙한 갈등이 훈련된 사람들은 외부 자극으로부터 갈등이 생겼을 때 대처하는 능력이 훈련하지 않은 사람들보다 높다. 적어도 파국으로 가는 것은 막을 수 있다. 깊은 자기성찰을 통해 상황을 보는 시야가 넓어지기 때문이다. 그래서 나는 사람이 세상을 살아가면서 갈등하는 것은 마땅하다고 여기며 오늘도 이런저런 문제들로 생각이 많다. 고로 나는 존재한다.

그 남자의 매력에 빠지다

요즘 한 남자에게 자꾸만 마음이 간다. 그의 미소는 보는 이의 마음을 맑게 하고 그의 말과 행동은 유머러스하면서도 배려가 있어 유쾌하고 감동적이다. 그는 긍정에너자이저며 사랑사냥꾼이다. 다방면에 해박하면서도 겸손한 그를 일주일에 한 번씩 만나는 것은 지친 삶에 위로가 되고 떨어진 기운을 보충시켜 준다. 그러니 그는 또 상담사고 영양제다. 그를 알고 지낸지는 꽤 오래 되었지만 그의 이런 매력을 발견하고 급 관심을 갖게 된 것은 얼마 되지 않았다.

남자 보는 눈이 높아서인지(?) 스물아홉 살까지도 솔로였던 나는 서른이 되기 직전 기적적으로 이상형 남자를 만났다. 동갑인 그는 만화책에서 갓 나온듯한 수려한 외모에 순수함과 배려심, 깊은 생각까지 갖춘 보기 드문 훈남이었다. 그래서 내 29년 인생을 걸고 온갖 끼(?)를 부려가며 매력발산에 힘쓴 결과 결혼하여 20년째 알콩달콩 잘 살고 있다. 내 평생 가장 잘한 일이 지금의 남편을 만나 결혼한 것이리라.

그런데, 요즘 자꾸 다른 남자가 궁금하다. 그는 2010년 경 톱스타 김혜수와 열애설이 났던 성격파 배우 유해진이다. 그 때만 해도 '김혜수도 참….' 했었다. 그리고 결별설이 났을 때 그러면 그렇지 했다. 그랬던 내가 유해진의 매력에 빠져들면서 그를 놓친 김혜수가 안타깝다. 우연히 보게 된 한 케이블 방송의 야외 버라이어티 프로그램 '삼시세끼' 초반에만 해도 차승원의 훈훈한 외모와 말솜씨, 놀라운 요리솜씨에 유해진이 많이 밀리는 듯했으나 차츰 유해진이 눈에 들어오더니 최근 방송이 끝날 즈음에는 오히려 차승원이 병풍처럼 느껴지지 않는가.

차승원처럼 멋진 훈남파의 벽을 야수파 유해진이 넘었다는 것은 흙수저가 금수저들 사이에서 두각을 나타내는 것 같은 드문 일이다. 오랜 기간의 자기 성찰과 깊은 노력 없이는 불가능 했을 것이다. 그런데 이런 불가능을 가능하게 한

전례가 있다. 만년 식모역할만 했던 탤런트 전원주가 광고 하나로 대박이 나서 승승장구 하게 되었고, 만년 조연이었던 영화배우 오달수가 국민조연으로 사랑을 받더니 주연배우가 되었다. 그것은 우연히 이루어진 것이 아니다. 그들의 끈기와 집념과 노력의 결과물일 것이다.

나이가 들어서일까? 이제는 남녀를 떠나서 사람을 볼 때 외모나 배경보다는 그 사람의 됨됨이를 많이 보게 된다. 겉이 아무리 화려해도 속이 건강하지 않으면 아무런 매력을 느끼지 못한다. 매력 없는 사람은 오래 가지 않는다. 차승원 같이 외모, 성격 다 되는 사람을 누가 마다하겠는가. 그런데 완벽해 보이는 그를 재치고 자꾸만 눈에 들어오는 유해진. 그의 매력에 빠져들면서 나는 희망을 본다. 나 역시 오십 줄에 들어서며 훈녀파와는 자꾸 거리가 멀어지니 젊고 예쁜 여성들 사이에서 차츰 자신감을 잃어가고 있었는데, 야수파 유해진의 은근한 매력 앞에서 용기를 얻게 된 것이다. 남을 배려하는 겸손한 마음이 얼마나 다른 사람을 편안하게 하는지 간접적으로 체험하며 나 또한 그리하리라 다짐해본다. 아직은 내공이 덜 쌓여 불쑥불쑥 교만함과 이기심이 튀어나오지만 노력하다보면 내게서도 편안한 매력이 발산되리라. 온갖 끼를 부리며 매력발산에 힘써 결국 남편의 마음을 얻었던 20년 전을 생각하며, 그때처럼 톡톡 튀는 매력은 힘들겠지만 다시 한 번 은근한 매력녀의 길로 들어서 보려 한다.

2장

그 겨울

갑의 기질, 제대로 사용하자

대체로 사람들은 주변인들이 친절한 천사 내지 말 잘 듣는 집사이기를 바란다. 그래야 편하기 때문이다. 조금이라도 주변인의 소리가 높아지면 불편해한다. 그러면서 자신이 내는 소리는 당연하게 여긴다. 갑의 기질을 가지고 있는 것이다. 그래서 자신도 모르는 사이 종종 갑질 비슷한 것을 하게 된다. 지금도 여기저기서 행해지고 있을 것이다.

갑질 하면 가장 먼저 떠오르는 사건이 있다. 2014년 12월 미국 뉴욕 JFK공항에서 인천으로 출발할 예정이던 대한항공 KE086기가 활주로에서 방향을 틀어 탑승구로 되돌아갔다. 멈춰선 비행기에서 박창진 사무장이 내렸다. 일등석에 타고 있던 조현아 당시 대한항공 부사장이 여승무원의 견과류 서비스를 문제 삼으면서 발생한 이른바 '땅콩 회항' 사건이다. 상류층에 의한 갑질 파문은 국민의 공분을 사며 한동안 매스컴을 뜨겁게 달구었다.

땅콩 회항 사건이 얼마 지나지 않아 발생한 부천 현대 백화점 모녀의 갑질 사건은 대한민국을 또 한 번 떠들썩하게 했다. 백화점 고객인 모녀가 주차장 아르바이트생에게 폭언과 폭행을 했다는 증언과 무릎까지 꿇린 사진이 인터넷에 올라오면서 비난 여론이 들끓었다. 갑질 논란은 일파만파 커져 공중파 시사프로그램인 <그것이 알고 싶다>에까지 나왔다.

최근 미투 운동과 함께 판도라의 상자가 열린 듯 끊임없이 터져 나오는 각계 각 층의 성폭행 사건들에 놀라움을 금치 못한다. 신분을 이용한 최고의 악덕 갑질로 피해자에게 평생 지울 수 없는 상처를 준 것이다. 권력에 아부하고 쉬쉬하는 사회적 분위기가 더 많은 피해자를 만들었다. 가해자뿐 아니라 알면서도 모른척한 혹은 알리기를 만류한 주변인 또한 가해 공범이다. 그나마 현재 국민의 88.6%가 미투 운동을 지지하고 격려한다니 다행이다.

갑질은 권력의 우위에 있는 갑이 약자인 을에게 하는 부당 행위로, 예부터 지금까지 갑의 횡포는 끊이지 않고 이어진다. 어제의 을이 오늘 혹은 내일의 갑이 되면 참았던 기질이 드러나면서 갑질은 되풀이 된다. 공산주의 국가의 지도층이야말로 평등의 탈을 쓰고 혁명을 통해 얻어낸 갑의 자리에서 대대손손 갑질하며 부귀영화를 누리고 있다. 삐뚤어진 노조 집행부, 권력의 맛을 아는 정치인들, 돈이면 다 되는 부유층들, 인성을 갖추지 못한 학자들, 자신만 소중한 이기적인 사람들 모두 마찬가지다.

많은 사람들의 분노를 사는 드러나는 갑질은 아니더라도, 대부분의 사람들이 자신의 상황에서 무의식중에 종종 갑질을 하며 산다. 그것이 비록 하찮은 갑질일지라도 당한 누군가는 큰 상처가 될 수도 있다는 점을 생각하며 함부로 말하고 행동하지 말아야겠다. 그것이 다시 부메랑이 되어 되돌아올 수 있기 때문이다. 서로가 조심해야 한다. 갑이 되었을 때 남을 배려하는 겸손, 편안하게 해주는 인성, 을들을 위해 전사도 자처할 수 있는 용기, 마음을 읽어주는 감동을 준다면 을들이 알아서 따를 것이다. 그것이 진정한 갑의 기질이자 리더십이다.

공산주의 국가야 우리가 어떻게 할 수 없으니 차치하고라도, 노조 집행부는 그것을 권력으로 남용하지 말고 진정으로 힘없는 노조원들을 위한 본연의 임무에 충실하면 좋겠다. 정치인들 또한 당의 이익, 자신의 명예, 얼굴 알리는 일에만 나서지 말고 불이익이 오더라도 국민과 시민을 위한 옳은 일에 적극 나서주길 바란다. 그러면 '의원 연금 최저임

금으로!' 같은 말이 나오지 않을 것이다.

부유층들 또한 아낌없는 기부 문화의 선두역할을 해주었으면 한다. 가진 것을 나누며 세상의 빛과 소금의 역할을 한다면 '부자가 천국 가기는 낙타가 바늘구멍 통과하기보다 어렵다'는 그 천국에 갈 수 있다. 존경받는 학자들 또한 많아야 믿고 따르며 배우고 익혀 더 훌륭한 후학을 배출하는 밝은 미래가 온다.

우리 모두 사랑받기 위해 태어난 소중한 사람들임을 서로 인식하고 갑질은 이제 그만 접고 갑의 올바르고 진정한 기질과 리더십을 발휘하여 을들이 편안한 사회를 만들어주길 소망한다.

아름다운 나눔

"달빛의 그리움이 나를 따라나서면, 하늘의 별들은 온통 우주의 삼라만상이 되어, 고향의 강과 온 하늘을 하얗게 수놓으며, 강물 속으로, 일제히 뛰어내리고 있다. 녹수청산이

야 시리도록 푸르게 흘러가, 청산은 녹수 마음을 알고, 녹수는 청산의 마음을 알아, 바람에 몸을 맡겨 지나는 들길 위에, 내 슬픈 눈물을 씻겼다고 했네. 그러한 어느 날, 살아도 산 거 같지 않은 개 같은 날, 그 옛날 내가 살아보지 않았던 아주 오랜 옛날, 내 유년의 꿈이 자라난 봄 날, 강촌마을 새벽 물안개 자욱하게 깔리면, 산 벚꽃나무 그늘 깊던, 아침 숲의 이 고요."

한국문인협회 안산지부 회원이었던 고 김기석 시인의 시 '아침 숲의 이 고요' 전문이다.

지난주 초, 김 시인의 부고를 접했다. 몇 번이나 진짜 그가 맞느냐고 되물을 만큼 놀랐다. 평소 술을 사랑하긴 했으나 특별한 지병이 없이 건강했던 데다가 며칠 전 협회 모임에서 담소를 나눈 기억이 생생했기 때문이다. 거기에 그의 외로운 마지막을 통해 그간의 쓸쓸했을 인생사를 알게 되니 안쓰러움이 더했다.

그를 보면 고 천상병 시인이 떠오르곤 했다. 일단 말년의 외모가 비슷하고 술을 좋아하는 것과 기인적인 행동이 닮아서다. 이제 와서 그의 예전 시들을 뒤적이다보니 가난, 고독,

죽음 등을 서정적으로 깨끗하고 소박하게 표현한 것도 비슷하다. 수개월 밀린 월세로 남는 것 별로 없는 보증금 몇 푼과 틈틈이 모은 책 몇 권이 전부인 삶 또한 무소유의 표본인 천상병 시인을 어쩜 그리 닮았을까? 아마도 무척 존경하고 사랑했는가 보다.

그의 시에는 어린 시절 가족과의 행복했던 추억이나 아쉬움이 많이 담겨있다. 주로 엄마와 동생이 등장한다. 유년기를 뺀 나머지 기간 동안 가족이라는 울타리를 가져보지 못했던 그가 무척이나 가족을 그리워했음을 시를 통해 짐작할 수 있다. 그나마 말년에 글과 술을 나눌 좋은 문우들이 곁에 있어 조금이라도 위안을 삼았다면 다행한 일이겠다.

소식을 들은 문인들이 하나둘 장례식장을 찾았으나 가족이 없어 빈소조차 마련되지 않아 이틀을 헛걸음 했다. 몇몇 분을 통해 어렵게 동생과 연락이 되었지만 그 또한 경제적 여력이 없다고 하소연하니 난감한 상황이 되었다. 모든 절차를 생략하고 최소화해도 사오백만 원의 비용이 필요했다. 여러 통로를 통해 지자체의 도움이라도 받아보려 했으나 그마저 자격요건이 되지 않아 이러지도 저러지도 못하는 딱한 처지에 놓였다.

이대로 모른 척 할 수 없게 된 안산문인협회 회원들이 즉석에서 자발적으로 십시일반의 아름다운 나눔 운동을 벌였다. 하루 만에 비용의 반이 채워지고 다음 날 나머지가 채워지면서 일사천리로 무사히 장례를 치러낼 수 있었다. 화장장에서 한 줌의 흙이 되어 뿌려지는 마지막 순간까지 그의 곁에는 문우들이 함께 했다. 아름다운 소풍 끝내고 하늘로 돌아가며 환한 미소 보내는 그를 본 듯하다.

어려움에 처한 사람을 보면 모른 척 고개를 돌려버리는 요즘 세태에 참 아름다운 나눔을 실천한 안산문인협회 회원 모두께 존경의 박수를 보낸다. 소속된 단체 구성원들이 이렇게 자발적 선행을 합심하여 행함으로 사회에 귀감이 되니 단체원으로서의 긍지와 뿌듯함이 한층 높아졌다. 고인이 사랑하던 단체에 주고 간 단결과 화합이라는 선물 또한 감사하다. 문인협회뿐 아니라 모든 곳에서 이런 아름다운 나눔이 계속 이어지기를 소망한다.

살아생전 한 권의 책도 내지 못했던 고인을 위한 유고시집 출간 또한 그를 아끼는 문우들을 중심으로 아름다운 나눔을 또 한 번 이끌어낸다면 조만간 이루어질 수 있으리라 본다. 혹시 아는가! 선한 마음으로 출간한 그의 유고시집이 엄청 유명해져 안산을 빛내는 시인으로 재탄생할지도. 살아서는 빛을 보지 못하던 작가들이 죽고 난 후 유명해지는 경우가 왕왕 있으니 기대해봄직도 하다.

자업자득

긍정적으로 표현하면 카멜레온, 부정적으로 표현하면 다중이의 성격을 가진 필자는 평소 다양한 성격이 그런대로 조화를 이루어 평안하고 평화로운 상태를 유지하지만, 확실하다고 판단되는 불의에 직면하면 정의감이 불타올라 물불안 가리고 나서는 강한 면이 있다. 그러다보니 손해도 많이 본다. 하지만 그 정도 각오 없이 어찌 불의에 맞설 수 있겠는가!

이번에도 근 5개월간 소속된 한 단체 집행부의 거론하기조차 불미스러운 사건을 해결하는 일에 깊숙이 관여하다보니 얼토당토않은 고소고발 건에 연루되어 힘든 시기를 보냈다. 필자뿐 아니라 관여한 이들 모두가 고달픈 심신으로 인해 면역력이 떨어져 번갈아가며 병원을 들락거리면서도 단체를 살려야한다는 신념 하나로 뭉쳐 마지막까지 최선을 다했다.

마치 소설 같은 우여곡절을 겪으며 힘든 시간을 잘 견뎌낸 덕분에 얼마 전 단체의 사건은 잘 마무리되었다. 그리고 새로운 집행부가 들어섰다. 앞으로 새 집행부가 환골탈태하는 마음으로 새롭게 거듭나 투명한 운영을 해준다면 그동안 실추되었던 명예도 회복되리라 본다. 잘못을 스스로 자정한 용기 있는 단체로 이름이 남는다는 것도 기분 좋은 일이다.

이번 일을 겪으며 그동안 보지 못했던 사람들의 여러 면면을 생생하게 보게 되었고 그로 인해 아픔도 있었지만 깨달은 바가 크다. 수년간에 거쳐 해야 할 인생 경험을 5개월 속성 과정으로 마친 셈이다. 짧은 기간 벅찬 일로 힘들었지만 그로 인해 관계되었던 이들 모두가 더욱 성숙하는 계기가 되리라 본다.

고집은 옳은 일에 부려야 한다. 자신의 잘못을 가리기 위해 부리는 고집은 아집으로 모두를 힘들게 한다. 전 집행부 이야기다. 잘못인지 아닌지 판단하지 못하는 사고와 행동도 문제지만, 모르고 저지른 일이라 하더라도 쌓이고 쌓여 결국 밖으로까지 드러났을 때는 창피하더라도 인정하고 사과하면 문제는 의외로 쉽게 해결된다.

하지만 그들은 그러지 못했다. 자신들의 잘못을 덮기 위해 타인에게 화살을 돌려 공격하고, 아무 것도 모르는 회원들을 기만하여 자신들의 이익을 위한 일에 선동하는 비도덕적이고 비인격적인 행동을 서슴지 않고 했다. 그것이 나중에 드러나면 치명적 치부가 되어 회복 불가할 수도 있다는 것을 몰랐을까? 알면서도 고집부리면 잘못이 덮어질 거라 착각한 거 같다.

문제는 한 번에 드러나지 않는다. 쌓이고 쌓여 곪을 대로 곪다가 터진다. 그런데 드러났을 때조차 인정하지 않고 갈 데까지 가보자는 식으로 오기를 부리면 결국 자신들의 밑바닥까지 보이게 되어 회복 불가의 상황으로 갈 수밖에 없다. 어떤 식으로든 진실은 드러나게 되어 있고, 그 진실이 자신들이 그렇게도 부정하던 일이 사실이라는 것을 확인시켜준다면 더욱 그렇다.

누구나 한두 번 실수할 수 있다. 모르고 잘못을 저지를 수도 있다. 하지만 그것이 반복된다면 그건 더 이상 실수가 아니다. 그럼에도 불구하고 보통은 잘못을 바로 잡을 기회를 여러 번 준다. 그런 과정에서 당사자가 어떻게 대응하고 해결하느냐에 따라 일이 축소되기도 하고 확대되기도 한다. 또한 신의를 회복하기도 하고 아예 잃어 회복불능으로 만들어 버리기도 하는 것이다.

예부터 자업자득 자승자박이라 했다. 자기가 저지른 일로 인한 결과는 스스로 돌려받는다. 종두득두 인과응보라 했다. 콩 심은 데 콩 난다고 선을 행하면 선의 결과가 악을 행하면 악의 결과가 반드시 뒤따르는 것이다. 그러니 남 탓할 거 없다.

누구든지 잘못이 드러났을 때 그것을 인정하고 사과하고 자숙하는 양심을 지켰으면 좋겠다. 혹여 사실이 아니더라도 자신의 불분명한 행동으로 인한 결과라면 또한 사과하고 자중하는 성숙한 인격을 지녔으면 한다. 물론 공적인 일이든 사적인 일이든 반듯한 마음으로 투명하게 하여 문제를 만들지 않으면 더욱 좋겠다.

격려는 못할망정

필자는 아파트 입주자대표회의 동대표로 총무이사 직을 맡아 아침마다 관리사무소에 들러 한두 시간씩 회의를 한다. 이런 번잡한 일을 처음부터 한 것은 아니다. 우연히 동대표가 되고 어찌어찌 총무이사까지 맡게 되었을 때, 과유불급이라고 전임자의 지나친 관여가 오히려 여러 부작용을 초래하는 상황을 보았기에 나름 몸을 사렸다. 다행히 권한도 줄어들어 회장을 비롯한 다른 대표들의 기대하는 바가 크지 않아 편안했다.

그러다 여러 기수를 거치도록 해결나지 않아 미루어오던 아파트 도색 건이 우리 기수 임기 중에 진행되면서, 안 그래도 시끌시끌하던 잡음이 들끓어 올랐다. 수년간 이어져오는 실체 없는 비리 공방이 도색 건과 맞물려 더 많이 오고가더니 급기야 고소고발이 난무했다. 그렇게 아파트가 들썩거리는데도 어느 한 편 들지 않고 홀로 도도히 중립만 지키는 총무가 이쪽저쪽 모두 마음에 차지 않았을 것이다.

그때부터 너무 소극적인 거 아니야? 하는 일이 별로 없네,

회장 편만 들더라 또는 회장 편도 안 들어주고 등의 이야기가 들려왔다. 조금씩 불편해졌다. 괜히 잘못되어 복잡한 일에라도 연루되면 어쩌나 두려움도 밀려왔다. 그래서 사퇴를 깊이 고민해보았다. 하지만 그건 너무 비겁하다는 생각이 들었다. 결국 두렵더라도 좀 더 적극성을 띄어보기로 결심한 후 자진하여 아침마다 관리사무소에 들르게 되었다. 아는 것이 힘 아닌가.

관리사무소는 전쟁터를 방불케 한다. 오래된 대단지 아파트라 손 볼 곳이 많다보니 직원 대비 업무량이 넘친다. 민원도 끊이지 않는다. 하루 한번 꼴로 악덕 민원으로 인해 고성이 오가고 간혹 집기류가 날아다니기도 한다. 그래서인지는 몰라도 이런저런 이유로 직원이 자주 바뀐다. 그래도 다행히 관리 전문 업체에서 운영을 해주어 공백 없이 일이 중단되지 않고 처리되니 감사하다. 아파트 대다수 주민들은 모를 것이다.

입주자대표회의 회장단 또한 날마다 회의뿐 아니라 아파트 돌아가는 현황 살피랴, 발전을 위한 운영방안 모색하랴, 민원 처리하랴, 정신이 없다, 요즘은 도색 건으로 초긴장 상태다. 작은 것 하나라도 꼬투리 잡으면 물고 늘어지는 몇몇

동 대표뿐 아니라, 일부 이해불가 할 만큼 까다로운 주민의 민원에 밤낮으로 시달리며 진을 빼는 모습은 안타깝다.

이런 생생한 현장의 모습을 날마다 보다보니 이제, 한 달에 한두 번 회의에 참석하여 종이만 보고 사사건건 반대부터 하고, 뜻대로 안 되면 뒤로 주민들을 모아 선동하는 이들의 모습에서 서운함을 넘어 불쾌감을 느낀다.

모든 아파트가 다 그런 것은 아니지만, 보통 아파트의 한 달 운영비가 웬만한 중소기업 운영비와 맞먹다보니 아파트 동 대표 간, 동 대표와 주민 간에 불신이 만연하다. 곡간에서 인심난다는 말보다는 곡간에 도둑 든다는 말을 더 좋아들 하는지, 어떤 공사를 진행하든 집행부를 도둑 취급하며 돋보기가 장착된 색안경을 끼고 예의주시한다.

그러다보니 공사를 아예 못하거나 하다가도 중단하는 아파트도 종종 나온다. 작업이 중단되면 결국 시간 낭비, 돈 낭비, 인력 낭비, 거기에 아파트 이미지 실추까지 되는 일인데도 서로를 믿지 못해 일을 그르치는 모습이 참 어리석다.

아파트 동 대표는 사례를 받는 직업도 아니고 명예를 얻는 일도 아니다. 순수하게 봉사하는 귀한 직분이다. 그런데 자신이 사는 아파트를 위해 열심히 봉사하는 동 대표들을 무조건 도둑 취급하면 되겠는가!

사람도 자동차도 제 때 관리해야 덜 망가지듯이 아파트도 그때그때 관리를 잘 해주어야 한다. 그러니 봉사하는 이들 격려는 못해줄망정 무턱대고 발목 잡아 일을 그르치는 일은 삼가야겠다.

가지치기

"나무에 가위질을 하는 것은 나무를 사랑하기 때문이다. 부모에게 야단을 맞지 않고 자란 아이는 똑바른 사람이 될 수 없다. 겨울 추위가 심한 해일수록 봄의 나뭇잎은 훨씬 푸르다. 사람도 역경에 단련되지 않고서는 큰 인물이 될 수 없다." (벤저민 프랭클린)

겨울이 되면 사과나무나 포도나무 같은 과실나무는 봄부터 가을까지 분주했던 제 역할을 마치고 휴식기에 들어간다. 그러나 농부들은 새로운 해에 더 품질 좋고 풍성한 수확을 위해 쉬고 있는 과실나무에 가지치기를 해주느라 한창 바쁘다. 새봄 새움이 돋기 전에 하는 겨울 가지치기가 1년 농사의 성패에 지대한 영향을 미치기 때문이다.

가지치기는 나무의 겉모양을 고르게 하고 과실의 생산을 늘리기 위해 나뭇가지의 일부를 잘라 주는 일이다. 쓸데없이 웃자랐거나 움돋은 가지, 부러졌거나 죽은 가지, 병에 걸린 가지, 교통에 지장을 주거나 방해가 되는 가지, 전망을 가로막거나 나무 모양을 망치는 가지, 공기순환과 햇볕을 방해하는 가지, 상처가 생겼거나 생길 가능성이 있는 가지 등이 대상이다.

흠 없고 탐스러운 과실을 얻기 위해서는 가장 기본이 되는 겨울철 가지치기뿐 아니라, 봄철 꽃 솎기, 여름철 잎 솎기 과정을 여러 번 거쳐야 한다. 필자도 지인의 과수원에 가벼운 마음으로 놀러갔다가 종일 잎만 따다 온 기억이 있다. 이제는 한 알의 과실이 수확되기까지 반복되는 노동의 대가를 알기에 감사하는 마음을 얹어 맛있게 먹는다.

농부가 게으르거나 여린 마음에 쓸모없는 가지를 방치한다면 그해 좋은 열매 맺기는 실패할 것이다. 우리 인생도 마찬가지다. 학생이 시험기간에 공부 외에 게임 등 다른 곁가지에 자꾸 신경을 쓴다면 좋은 성적을 거두지 못할 것이다. 결혼을 앞둔 남성이 신붓감에게 집중하지 못하고 이리저리 눈길을 돌린다면 결혼은커녕 연애조차 제대로 못할 게 뻔하다.

세상에는 재미있는 일이 많아 우리를 유혹한다. 하지만 모든 것을 다 할 수는 없다. 가지가 너무 많으면 잎만 무성할 뿐 제대로 된 열매를 맺지 못하는 것처럼 그저 분주하기만 한 영양가 없는 삶을 살게 될지 모른다. 다 필요한 것처럼 보이겠지만, 건강하고 좋은 열매를 맺으려면 잔가지를 잘라내는 아픔을 이겨내야 한다.

적당한 때가 있다. 새해를 맞아 새로운 마음가짐을 가져야 하는 이맘때가 인생 가지치기에 있어서도 적당한 때 같다. 그동안 벌려놓았던 일들 중 불필요하다고 생각되는 부분은 과감히 잘라내고 새로운 희망이 원하는 방향으로 움 돋울 수 있도록 스스로 부지런해져야하고 과감해져야하며 슬기로워져야한다.

필자는 새해 들어 연약한 육체의 건강한 삶 유지를 위해 음주가무와 과식을 첫 가지치기로 정했다. 음주가무는 그다지 즐겨하지도 않았지만 체질상 잘 맞지 않아 득보다는 실이 많았던 경험에 의한 결정이다. 과식은 위와 장이 약해 조금만 많이 먹으면 부작용에 시달림에도 그 유혹을 이기지 못해서 반복되는 악순환의 고리를 끊기 위해서다. 독해져야 한다.

다음 가지치기로는 글 쓰는 일에 방해되는 자잘한 모임의 수를 줄이는 일과 쓸데없는 오지랖이다. 좋은 소재를 얻기 위해 여기저기 기웃거리며 모임을 자꾸 만들지만 정작 글은 한 줄도 못 쓰고 오지랖에 빠져 허우적대는 스스로를 발견할 때가 있다. 허망하다. 정신을 똑바로 차리지 못할 바에야 아예 놓는 것이 나을 때가 있다. 결단이 필요한 시기다.

가지를 치는 그 순간은 아픔이고 시련이다. 하지만 이겨내면 곧 새움이 돋고 꽃이 피고 잎이 자라며 달콤한 열매를 안겨준다. 올 겨울은 유난히 춥다. 그래서 희망적이다. 봄의 환희가 기다릴 것이기에.

고슴도치의 사랑 법

“추운 겨울날, 고슴도치 두 마리가 서로 사랑했네, 추위

에 떠는 상대를 보다 못해, 자신의 온기만이라도 전해주려던 그들은, 가까이 다가가면 갈수록 상처만 생긴다는 것을 알았네, 안고 싶어도 안지 못했던 그들은, 멀지도 않고 자신들의 몸에 난 가시에 다치지도 않을, 적당한 거리에 함께 서 있었네, 비록 자신의 온기를 다 줄 수 없었어도 그들은 서로 행복했네, 행복할 수 있었네" (이정하 '고슴도치 사랑')

고슴도치는 등과 옆구리에 털이 변형되어 생긴 1만 6천여 개의 가시로 덮여 있다. 이 가시들은 적으로부터 몸을 보호하는 중요한 역할을 한다. 하지만 사랑을 나눌 때, 장난칠 때, 새끼를 기를 때 잘못하면 상처를 주는 도구가 될 수도 있다. 그런데 다행히 이렇게 많은 가시를 가지고도 사랑을 나누고 장난을 치고 연약한 새끼도 건강하게 잘 길러낸다. 어떻게 하는 걸까? 그건 바로 가시와 가시 사이를 조심스럽게 잘 연결해서 서로 찔리지 않도록 하는 방법을 쓰는 것이다. 이것이 고슴도치의 사랑 나눔 법이다.

'고슴도치도 제 새끼는 예쁘다 한다' 라든가 '고슴도치도 제 새끼 털은 비단 같다고 한다' 등의 속담도 있듯이 예전에는 못생기고 못난 동물 하면 고슴도치를 떠올렸다. 그런데 언제부턴가 관심이 쏠리더니 가정에서 애완동물로 키워지면서 관찰을 통해 매력덩어리로 예쁨을 받고 있다. 더불어 여러 교훈과 지혜도 얻는다. 고슴도치의 사랑 법이 그 중 하나다.

이상하게도 가까워지기 전에는 예의를 갖추고 좋은 모습을 보이려 애쓰다가도 가까워지면 친해서 또는 편해서라는 핑계로 말과 행동이 거칠어지는 경우가 종종 있다. 가족 같은 단계에 이르면 자기중심적으로 변해 조금의 섭섭함도 참지 못하고 상대의 희생을 당연하게 여기기도 한다. 그러다 보면 갈등과 다툼이 빈번이 일어나고 결국 관계 또한 틀어져 소중했던 사람을 잃고 후회하는 일이 생긴다.

우리 속에는 가시가 쌓여있다. 살면서 생긴 가시들이다. 평상시에는 잘 숨기고 있다가 어느 순간 갑자기 드러나면서 상처를 주고받는다. 가까울수록 더하다. 어린아이가 아닌 이상 가시가 전혀 없을 수는 없다. 그렇다면 우리 속에 쌓인 가시를 가지고도 서로에게 상처주지 않고 맘껏 사랑할 수는 없을까? 맘껏 안아줄 수는 없을까? 다행히 있다. 이미 앞서 이야기했듯이 고슴도치 사랑 법으로 충분히 가능하다.

서로의 살은 찌르지 않을 정도의 일정 간격 두기, 가시와 가시 사이 비껴나기, 돌발 행동 하지 않기, 가시에 힘주지 않기, 천천히 부드럽게 다가가기, 상대가 아파하면 언제든 물러서기 등의 약속과 훈련을 통한다면 얼마든지 좋은 관계를 오래도록 유지할 수 있다. 물론 쉽지 않은 일이다. 또 처음부터 마음처럼 잘 되지도 않을 것이다. 그러나 자꾸 시도하다 보면 분명 기대 이상의 결과로 보답 받을 줄 믿는다.

이 세상은 혼자 살아갈 수 없다. 두루두루 함께 가야 한다. 모두가 가시를 가지고 있지만 인내와 배려로 드러내지 않고 있을 뿐인데, 내 가시만 자랑하고 드러내며 으르렁 거린다면 결국 주변에 남는 사람 한 명 없는 외로운 처지가 될 수도 있다. 그러니 내 가시가 다른 사람을 다치게 할 수 있다는 사실과 다른 사람도 가시가 있어 나를 다치게 할 수 있다는 사실을 기억하면서, 날 선 말보다는 격려하고 배려하고 존중하는 말과 행동으로 서로서로 살피고 아껴야 하겠다.

추운 겨울 고슴도치들이 가시가 살갗에 닿지 않을 정도의 거리를 유지하며 서로의 온기를 나누는 모습에서 우리는 또 현명하게 관계 맺고 사는 지혜를 배운다.

침묵을 깬 사람들

"미국의 시사주간지 타임이 올해의 인물로 '미투(Me Too) 운동'을 촉발시킨 사람들을 선정했다. 성희롱, 성추행, 성폭행의 피해 사실을 공개한 이들은 주로 여성들로 '침묵을 깬 사람들'로 명명됐다. 타임은 이들이 속삭이는 네트워크를 사회적 네트워크로 이동시키고 용납할 수 없는 일을 멈추도록 독려한 것이 선정 이유라고 밝혔다. 특히 이들의 충격 요법은 1960년대 이후 문화의 가장 빠른 변화 중 하나라고 평가했다."

며칠 전 본 뉴스의 내용 일부다.

할리우드 거물 제작자 하비 와인스타인의 성추행 및 성폭행 전력이 유명 여배우들의 폭로로 이어지면서 정재계, 스포츠계 인사들에 대한 성 비리 의혹까지 터졌다. 그러자 일반인들 사이에서 '미투 운동'이 일어났다. 미투는 '나도 성희롱을 당한 경험이 있다'는 의미로, 과거 혹은 현재의 피해를 발설하고 공유함으로 힘을 보탠다. 수백만 명이 여기에 동참했는데 대부분 여성들이다. 단기간에 미투 운동이 퍼지면서 우리나라에서도 한샘과 현대카드의 성폭행 사건 등 폭로가 이어지고 있다.

그동안 드러난 성범죄는 빙산의 일각일 것이다. 피해자들은 주로 아이, 여성 등 힘없는 노약자들로, 치욕과 분노를 느낌과 동시에 피해 사실이 드러나는 것에 두려움을 느낀다. 가해자가 보복하면 어쩌나 하는 문제와 소문이 나서 또 다른 불이익을 당하면 어쩌나 하는 문제 등 피해자를 보호하지 않는 사회적 분위기 탓이 크다. 그러니 피해자들이 진상조사에 소극적 태도를 보일 수밖에 없다.

이런 불편한 현실 속에서 불이익을 감내하고 피해를 폭로하는 일은 엄청난 용기를 필요로 한다. 그런데 미투 운동의 전개로 차츰 침묵을 깨고 스스로 목소리를 내는 사람들이 늘고 있어 다행이다. 그런데 이런 목소리를 내는 사람들은 대체로 여성들이다. 이에 피해 여성들에게만 용기를 내라 할 것이 아니라 이제 남성들도 곳곳에 만연해 있는 성추행 문화를 단절하는 사회 분위기를 만들어가는 일에 동참하면 좋겠다.

유년기에 엄마 손을 잡고 번잡한 버스나 전철을 타면 좌석에 앉아있던 남자어른들이 친절하게도 무릎 위에 앉혀주곤 했다. 정말 감사한 일인데 간혹 추잡한 어른들로 당혹스러울 때가 있었다. 어린 나이에도 본능적으로 두려움을 느껴 살며시 일어나 엄마 뒤로 숨었다. 엄마에게조차 부끄러워 아무 이야기 못했던 불쾌한 기억이 스멀스멀 올라온다. 우리 유년기 때야 남성 중심의 사회라 부당해도 침묵해야 할 일이 많았다지만 이제 시대가 바뀌었다. 가정마다 한둘뿐인 자녀들에게 이런 불쾌한 기억을 갖게 해서는 절대 안 될 일이다.

중년이 된 지금도 간혹 모임이나 조직에서 게임을 가장한 불쾌한 접촉이나 낯부끄러운 농담이 오고갈 때가 있다. 하지만 대체로 관계를 깨지 않고 전체적인 분위기도 망치지 않으려다 보니 적절한 대응을 놓치곤 한다. 그것이 반복되면 결국 불쾌감이 증폭되어 더 나쁜 관계의 단절까지 가져오게 된다. 그러니 미투(Me Too) 운동도 중요하지만, 미연에 방지할 방법으로 노우(No) 운동도 함께 하면 좋겠다.

우리는 보통 상대에게 싫다는 말을 잘 못한다. 그래서 미적거리다보면 긍정으로 오해받아 곤란한 일을 겪을 때가 있다. 처음에는 싫다는 말로 서먹해질 수도 있겠지만 반복되면 오히려 저 사람은 이런 것(말)을 싫어하는 사람으로 인식되어 곤란한 일을 피할 수 있다. 다소 까칠하다는 소리를 듣더라도 그 편이 훨씬 안전하다. 더불어 성폭력 교육도 자주 하고, 철저한 제재 또한 가한다면 성 관련 범죄와 피해자는 확연히 줄어들 것이라 확신한다.

여성이 남성보다 열 배나 높다는 그것

오래 전부터 '여자(아내) 말 잘 들으면 자다가도 떡(집)이 생긴다.'는 말이 있다. 이것은 '어른 말 잘 들으면 자다가도 떡이 생긴다.'는 속담에서 비롯되었는데 진리처럼 흔하게 쓰인다. 왜 이런 말이 파생 되었을까? 남녀 공히 살면서 그냥 나온 말이 아님을 체험으로 뼈저리게 느끼고 있을 것이다.

사회적으로 안정된 남성들을 보면 공통점이 있다. 그들은 가정에서는 아내의 말에 귀를 기울이며 사회에서는 여성 동료들의 의견을 존중한다. 물론 모든 여성이 다 현명한 것은 아니지만 기본적으로 자신을 아끼는 아내나 동료 여성들은 바른 생각을 가지고 잘되는 쪽으로 조언을 하지 잘못 되는 쪽으로 조언하지 않는다.

평소 전화를 잘 받지 않던 남편이 전화 잘 받을 것을 권유하는 아내의 말을 무시하다가 결국 아내의 죽음을 막지 못했다는 가슴 아픈 이야기부터 휴가철 선크림 바르라는 말을 잔소리로 여기다 화상을 입어 고생했다는 우스개 일화까지 여자 말 안 들어서 잘못된 사연은 다양하다. 아내 몰래 보증섰다가 패가망신 당하는 경우는 동정조차 못 받는다.

반대로 여성 동료들의 조언을 받아들였다가 화를 면했다거나 승진했다는 훈훈한 이야기, 마음에는 안 들었지만 아내의 말에 따랐더니 부자가 되었다는 부동산 성공담 등 여자 말 잘 들어서 덕을 본 사연도 무궁무진하다. 분명 여성에게는 남성에게 없는 뭔가 특별한 것이 있는 것이다. 그것이 무엇일까?

시각과 후각이 발달하여 자연스럽게 예쁜 여자에게 눈이 돌아가고 샴푸 향기에 자극을 받는 남성들은 대체로 드러난 것만 믿는 단순한 성향을 지녔다. 반면 여성들은 청각과 촉각이 발달하여서인지 드러나지 않는 것을 찾아내는 재주가 있다. 그것을 우리는 '촉=감각'이라고 부른다. 여성의 촉이 남성의 촉보다 많게는 열 배까지 높다는 연구 결과도 있다.

뇌신경학자들은 논리적 사고, 합리적 추론, 미래 예견, 언어와 학습 등을 담당하는 전두엽의 크기가 남성보다 여성이 10% 더 커서 의사결정, 문제해결, 추론 등에서 여성이 더 뛰어나다고 한다. '여자(아내) 말 잘 들으면 자다가도 떡(집)이 생긴다.'는 말의 과학적 근거다. 물론 여성들 중에 촉이 둔한 사람도 있고, 남성들 중에 촉이 예민한 사람도 있다.

남녀를 떠나 촉이 좋은 사람들을 보면 통찰력이 뛰어나다. 특히 삼국지의 제갈공명처럼 사람과 상황에 대한 통찰력이 탁월하다. 여성이 남성보다 열 배 높다는 연구 결과에서 보듯 선천적으로 타고난 부분도 있겠지만 독서, 사색, 성찰 등 후천적 노력에 의해서도 발달된다. 드러난 외면만 보는 것이 아니라 깊이 숨겨져 있는 내면을 보려는 훈련을 통해 눈이 뜨이면 자연스럽게 생겨난다.

하지만 아무리 좋은 촉과 통찰력을 지녔다 하더라도 주변에서 그것을 알아보지 못하고 이상한 사람 취급하여 무시한다면 그 좋은 재능은 썩히고 만다. 많이 좋아졌다고는 하지만, 여전히 가부장적 사회구조 속에서 대다수 여성의 빛나는 촉은 그 빛을 발하지 못하고 사소한 것으로 치부되고 있는 것이 현실이다. 사회적 낭비다.

앞으로는 달라질 것이다. 여성의 탁월한 촉은 미래의 여러 산업 분야에서 점점 빛을 발하게 될 것이다. 그러니 더욱 여자(아내)의 말을 잘 들어 더 많은 떡(집)을 얻어낼 것인가 말 것인가 하는 선택은 남성들의 몫이다. 부디 현명한 남성들이 더욱 많아지는 바람직한 사회가 되길 바란다.

가슴 뛰게 하는 일

요즘 들어 영화나 드라마를 보아도 별 감흥이 없고 그저 그랬다. 감성이 메말랐거나 깊은 울림이 없어서일 것이다. 그런데, 며칠 전 별 기대 없이 우연히 보게 된 영화 <고산자, 대동여지도>를 보고 가슴이 뛰었다.

고산자는 김정호의 호이고, 대동여지도는 김정호가 조선 방방곳곳을 조사하여 그린 정확도가 뛰어난 세계적으로 인정받는 우리나라 지도다. 영화는 김정호의 지독한 지도사랑 이야기로, 작년 추석 즈음 개봉되었던 것으로 기억되는데,

순실이라는 딸아이의 이름 때문인지는 몰라도 흥행에는 실패했다. 하지만 내게는 그 어떤 흥행 영화보다 울림과 여운이 있어 좋게 평가한다.

어린 김정호는 잘못 그려진 지도 한 장 때문에 산길에서 비명횡사한 아버지와 일행들을 보고 충격을 받는다. 그래서 정확하지 않은 지도 때문에 가난한 백성들이 더 이상 죽어나가지 않도록 정확한 지리를 조사하여 지도를 만들어야겠다는 사명감과 그 지도를 가난한 백성들에게 무상으로 나눠주어야겠다는 목적을 갖는다. 그로 인해 일상적인 편안한 삶을 포기하고 평생을 지도 만드는 일에만 열중한다. 이것은 스스로 좋아서 하는 일이어야만 가능하다.

주변인들로부터 지도에 미친놈이라는 말을 듣던 김정호는 돈도 안 되고 힘들기만 한 지도 만드는 일에 왜 그리 미쳐있냐는 청년 조각장이 바우의 물음에 "가슴이 뛰어서"라고 거듭 답한다. 그리고 "숨을 쉬는 동안에는 지도 만드는 일을 절대 중단하지 않겠다"고 힘주어 말한다. 얼마나 멋진가! 매순간 살아있음을 느끼게 하는 가슴 뛰는 일을 찾았으니. 어떤 난관에 부딪혀도 포기하지 않고 끝까지 해내겠다는 불굴의 의지도 삶의 의미에서 생겨났으리라.

그의 지도와 백성에 대한 이유 있는 미친 사랑은 그 어떤 무소불위의 권력도 막아서지 못한다. "길 위에는 신분도 없고 귀천도 없다. 다만 길을 가는 자만이 있을 뿐이다" 가슴 울리는 대사다. 조선 최고의 권력자가 된 흥선대원군이나 나는 새도 떨어뜨린다는 60년 권문세도가 안동 김씨의 문중도 뺏어갈 수 없었던 백성을 위한 대동여지도 목판본. 현존하는 목판은 실제목판 60매 중 12매뿐이지만 그나마 우여곡절 많은 우리나라에서 살아남아준 것만으로도 감사한 일이다.

고산자 김정호의 실제 삶은 기록이 별로 없다. 그래서 이런저런 이야기들이 많다. 논란도 많다. 하지만 가로4m*세로7m인 실제 대동여지도의 웅장한 크기만 보더라도 그의 지도에 대한 대단한 사랑, 관심, 노력, 집념, 희생을 미루어 짐작할 수 있다. 그는 최고의 지리학자이자 목판화장이로 진정한 예술가였던 것이다. 그의 가슴 뛰는 지도사랑이 자랑스럽고 부럽다.

우리도 가슴 뛰게 하는 어떤 일을 만난다면 김정호처럼 자신과 세상을 내려놓고 그 일에만 매진할 수 있을까? 아마도 쉽지 않을 것이다. 가슴 뜨겁게 하는 일을 만나기도 쉽지 않겠지만 운 좋게 만난다 하더라도 먹고사는 문제, 입신양

면의 문제 등으로 대다수는 적당히 세상과 타협하려 할 것이다. 그래서 가난과 고독 속에서도 한 가지 일, 지도 만들기에만 몰두했던 김정호의 삶이 더 가치 있고, 그의 작품 대동여지도는 세계에서도 인정받는 보물이 된 것이다.

이제 한동안 고산자 김정호 가슴앓이를 할 것 같다. 아무도 알아주지 않지만 꼭 해야만 하는 일에 열정을 쏟는 그의 모습은 아름답고 섹시하다. 그의 가난과 고독을 어루만져주고 싶다. 시대를 넘어서 그의 뜨거운 가슴과 영혼을 사랑하게 되었다. 멋진 차승원의 영상이 더욱 그런 쪽으로 끄는지는 모르겠지만.

가슴 절절한 사랑

절절한 사랑을 해보지 않은 사람들은 그 애절함을 한번쯤 경험해보고 싶다는 로망이 있겠지만, 해본 사람은 아마도 다시 사랑을 할 수 없을 만큼 힘들 것이다. 보는 이로 하여금 눈물콧물 쏟게 만드는 몇몇 애절한 사랑의 드라마나 영화만

하더라도, 그것이 실제 상황이라면 정작 당사자들은 얼마나 힘들까? 숨 쉬기조차 힘들 그들의 사랑에 집중하다보면 괜히 감정이입 되어 당사자인양 호흡곤란을 경험하기도 한다.

단경왕후는 12살에 진성대군(후일 중종)과 결혼하여 7년 만에 중종반정으로 남편이 왕위에 오르자 왕비가 되었다가 7일 만에 역적의 딸이라 하여 폐비가 된다. 중종과 단경왕후는 금슬이 매우 좋았으나 공신들의 무력에 힘없는 왕은 왕비와의 사랑을 지키지 못하고 폐위시킨다. 그러나 그녀를 사랑한 중종은 매일 경회루에 올라 폐비의 친정집(인왕산 아래) 쪽을 바라보았다. 그 소식을 들은 폐비신씨는 평소에 입던 다홍치마를 인왕산 바위에 걸쳐놓아 중종에게 화답하였다. 인왕산 치마바위에 얽힌 애틋한 사랑이야기다. 세상 모든 권력을 다 가진 것 같은 왕과 왕비조차도 애달픈 사랑을 할 수밖에 없는 엇나간 운명이 참으로 슬프다.

내게도 절절한 사랑이 있었던가? 아무리 기억을 더듬어도 없다. 사귐은 몇 번 있었지만 사랑이라기엔 애매한 공허함이 늘 있었다. 그래서 더 이상 내게 운명적인 사랑은 없나보다며 포기할 때쯤 지금의 남편을 만나 온몸에 전율이 일고 서광이 비추며 첫눈에 내 반쪽임을 확신하는 신비한 경험을 했다. 그래서 정성을 다해 하늘에 기도했고 조심스럽지만 적극적인 애정표현으로 사랑은 결실을 맺었다. 그리고 20년을 알콩달콩 잘 살아왔다. 너무 평탄한 우리 부부의 사랑이 절절한 사랑에 해당하는지는 잘 모르겠다.

"나와 나타샤와 흰 당나귀"로 유명한 시인 백석을 평생 사랑한 기생 김영한(자야)의 사랑 정도는 되어야 절절하다고 말할 수 있지 않을까? 함흥여고 영어교사 백석은 회식자리에서 처음 만난 함흥기생 김영한의 손을 잡고 "오늘부터 당신은 내 영원한 마누라야. 죽기 전 우리에게 이별은 없을 것"이라며 속삭인다. 이 부분은 왠지 바람둥이의 멘트 같다. 그런데 과감히 학교에 사표를 내고 김영한을 따라 서울로 가서 신문사에 근무하며 3년간 동거생활을 한 부분에서는 그의 진정성이 느껴진다. 집안의 반대로 다른 여자와 강제결혼을 하게 된 백석이 결혼식 첫날밤부터 계속 집을 빠져 나와 김영한에게 와서 함께 만주로 달아나자고 설득한 부분에서는 애절하다. 그러나 백석의 장래를 걱정한 김영한의 거절로 두 사람은 영원한 이별을 하게 된다.

한국전쟁으로 인해 백석은 북한에 남아 시인으로 힘든 삶을 살다 갔고, 김영한은 남한에서 요정 대원각을 운영하여 큰돈을 번 후 평생 그리워하던 백석을 기리기 위해 백석문학상을 제정하고 백석을 세상에 알리는 글쓰기에 전념하다 갔다. "내가 평생 모은 천억은 백석의 시 한 줄만 못하다" 김영한이 평생 모은 천억 가치의 재산 대원각을 송광사에 기부하며 남긴 말이다. 또 죽는 날까지 백석의 생일인 7월 1일에는 음식을 전혀 입에 대지 않았다니, 그녀는 짧은 추억을 평생 간직하며 지고지순한 사랑으로 백석을 지켜내고 살린 숭고하고 아름다운 여인이라 하겠다.

단경왕후와 김영한, 두 여인의 절절한 사랑은 참으로 아름답고 감동적이다. 운명이 갈라놓았음에도 그런 큰 사랑을 평생 간직하였다니 대단한 지조와 감성의 소유자들이다. 평생을 외로움과 그리움 속에 사는 것이 보기에는 아름다울지 몰라도 하기에는 정말 많이 힘들고 아팠을 텐데, 그 고통을 견뎌내고 승화시킨 깊고 크며 확고한 그녀들의 사랑에 박수를 보낸다.

사랑한다는 그 일

"다시 또 누군가를 만나서 사랑을 하게 될 수 있을까? 그럴 수는 없을 것 같아. 도무지 알 수 없는 한 가지. 사람을 사랑하게 되는 일. 참 쓸쓸한 일인 것 같아. 사랑이 끝나고 난 뒤에는 이세상도 끝나고. 날 위해 빛나던 모든 것도 그 빛을 잃어버려. 누구나 사는 동안에 한 번. 잊지 못할 사람을 만나고. 잊지 못할 이별도 하지. 도무지 알 수 없는 한 가지. 사람을 사랑한다는 그 일. 참 쓸쓸한 일인 것 같아." (양희은의 '사랑 그 쓸쓸함에 대하여')

일생을 살면서 단 한 번도 사랑을 해보지 않은 사람은 없을 것이다. 이별도 마찬가지고. 대체로는 어설픈 사랑과 이별을 반복하다가 진짜 사랑을 만나 짝을 이룬다고 볼 수 있겠다.

나는 엄마 뱃속에서부터 교회를 다녀서인지 남학생들과 접하는 일이 교회를 다니지 않은 또래보다 많았다. 그래서 자연히 첫사랑도 빨리 왔다. 풋내기들의 기분 좋은 고백이 아닌 심장이 멎을 것 같은 고백을 6학년 겨울방학 때 처음 받고 붕붕 날아다녔다. 하지만 그도 잠시 중학생이 된 그 멋진 남학생은 내 마음을 흔들어놓고는 곧 다른 예쁜 여학생이 나타나자 묘한 분위기를 연출하더니, 얼마 후 또 다른 새로운 여학생에게로 관심을 옮겼다. 그때 이미 나는 남자는 예쁘고 새로운 여자를 좋아한다는 것과 누군가를 좋아하는 것이 참 힘든 일이라는 것을 알아버렸다.

어려도 첫사랑의 상처가 나름 컸던 터라 남자를 믿지도 좋아하지도 않을 거라 다짐했었다. 하지만 이성에 대한 관심이 불타는 불안한 사춘기였기에, 상처받지 않고 할 수 있는 순수한 사랑을 실현하기 위해, 손에 잡히지 않는 멋진 연예인만 골라 맘껏 좋아했었다. 감정의 승화라고나 할까? 그래서 지금도 사생 팬만 아니라면 연예인에 열광하고 팬클럽에 가입하여 활동하는 학생이나 어른들을 나쁘게 생각하지 않는다. 어찌 보면 탈선하지 않고 자신의 감정을 제대로 불태우는 건강한 모습이기 때문이다.

아마 다른 사람들도 거의 비슷한 경험을 하며 성장했을 것이다. 아픈 만큼 성숙해진다고, 성인이 되어 비로소 제대로 된 격한 사랑과 이별을 경험하면서 자신의 모난 부분을 다듬어간다. 그러고는 한 발자국씩 나의 반쪽을 향해 어떤 이는 좀 빨리, 또 어떤 이는 조금 느리게 다가가는 것이다. 그 과정에서 위의 노래처럼 사람을 사랑한다는 그 일이 참 쓸쓸하기도 혹은 행복하기도 하다.

처음부터 안정되고 행복한 사랑을 하는 연인은 자신의 반쪽을 빨리 찾은 경우로 사람들의 부러움을 사는 행운아들이다. 하지만 대체적으로 누군가를 사랑하는 일은, 또 그 사랑을 지켜가는 일은 참 힘들다. 나이가 들수록 세월이 갈수록 더하다. 그만큼 자신만의 생각과 행동으로 살아온 서로 다른 남녀가 만나 사랑하는 일이 그리 쉽겠는가. 사랑은 배려이고 양보이고 무한한 관심을 쏟아야 하는 에너지가 많이 소비되는 일이다. 나보다 상대가 우선이어야 하지만 나를 아프게 하면 안 된다. 그래서 일방적이 아닌 쌍방이 서로 주고받는 핑퐁이 될 때 비로소 완성이 되는 것이다.

사랑하는 많은 연인들에게 지금의 사랑에 진심을 담아 최선을 다하라고 권하고 싶다. 이루어지든 아니든 최선을 다한 사랑은 그것만으로도 축복이 될 것이다. 그러나 정말 죽을 만큼 힘든 사랑을 하고 있다면 과감히 정리하라고 권한다. 사랑은 치유이고 기쁨이 되어야 한다. 아프게 하는 사랑은 더 이상 사랑이 아니다. 그런데 그 전에 충분히 소통했는지 점검할 필요는 있겠다. 자존심을 잠시 내려놓고 내 감정에만 충실하여 상대를 오해하고 있지는 않았는지 확인하여야 한다. 그래야 나중에 후회하는 일을 만들지 않을 것이다.

혼술, 혼밥 등의 유행어가 대변하듯 싱글이 넘쳐나는 요즘 세태에 사람을 사랑한다는 그 일이 더욱 쉽지 않겠지만 계속적인 노력으로 성공하는 연인들이 많이 나왔으면 좋겠다.

이전 것은 지나갔으니 보라 새것이 되었도다

공장 굴뚝에서 올라간 검은 연기가 검은 구름을 만든다. 구름이 모여 비를 내리고 그 비를 먹고 자란 과일나무가 열매를 맺는다. 과일을 따먹은 아이는 배가 아파 운다. 아빠는 사랑하는 아이를 아프게 한 과일나무에게 따진다. 과일나무는 비를, 비는 구름을 탓한다. 구름은 아빠의 공장에서 올라온 검은 연기가 자신을 그렇게 만들었다고 한다. 결국 아빠는 아이를 아프게 한 것이 자기 탓임을 시인하고 개선한다.

동화책에 나오는 내용이다. 아이들에게 책을 읽어주다 보면 '그래, 이렇게 살아야 하는데', '큰일이야. 그러면 안 되는데' 하며 도리어 내가 감동받거나 반성할 때가 종종 있다. 우리가 기본적으로 알고 있고 마땅히 실천해야 옳지만 실제 그러지 못하는 일들이 동화에는 많이 나온다. 그래서 나는 어른들도 동화책 읽기를 권장한다. 온 가족이 동화를 읽으며 이야기 나누길 바래본다.

사실 기본을 잘 지키며 도덕적으로 바르게 사는 사람을 교과서적이니 고지식하다느니 하며 따(?) 시키는 분위기가 요즘의 세태다. 한마디로 도덕적인 사람은 재미가 없어서 인기가 별로 없다. 그러니 적당히 도덕적으로 불감한 사람들이 모여 이룬 사회에서 기본을 지키지 않는 것이 잘못이라는 자각이 있을 수 있겠는가. 그깟(?) 기본적인 것 때문에 다시금 우리에게 큰 피해가 돌아오리라고 상상이나 할 수 있겠는가.

2016년에는 행복했던 일도 많았지만 최순실 게이트, 박근혜 대통령 탄핵 등 충격적인 일의 연속으로 모든 국민들이 행복을 잊고 잃었다. 매년 여러 불미스러운 일들이 있었지만 2016년의 충격은 상상을 초월했다. 도둑맞고 폭행까지

당한 꼴이다. 각종 매스컴에서 연일 보도되어 이제 우리는 알고 있다. 이렇게 큰 피해를 입을 수밖에 없었던 이유를. 사람들이 평소에 저마다 옳고 그름을 판단하여 소신 있게 자기 목소리를 내었더라면 피해가 이렇게까지 커지지는 않았을 것이다.

도덕성을 잃어버린 일부 몰지각한 어른들의 큰 잘못과 잘못된 줄 알면서도 자신에게 피해가 올까봐 쉬쉬하는 대다수 어른들의 사소한 잘못들이 모여 선량한 국민과 아이들에게 계속해서 피해를 주고 있으니 큰일이다. 어제 뿌린 잘못된 씨앗으로 오늘 우리가 고통 받는 것처럼, 오늘 우리가 뿌리는 씨앗이 미래에 우리 아이들에게 어떤 영향을 미칠지 생각해 보아야 한다. 지금 당장 눈앞의 이익에만 급급하여 잘못된 줄 알면서도 눈 감아버리면 미래는 밝지 못하다. 우리 아이들을 위해서 지금 우리가 무엇을 준비해야 하는지 무슨 일을 해야 하는지 곰곰이 따져보아야 한다.

이제 2017년 붉은 닭의 해가 막 떠오르고 있다. '이전 것은 지나갔으니 보라 새것이 되었도다.' 고린도후서 5장 17절의 성경 구절처럼 올해는 이전의 잘못된 것은 얼른 청산하고 밝고 맑고 투명하고 희망찬 새로운 한 해가 되었으면 한다.

모두가 기본을 지키고 잘못된 것은 소신껏 목소리 내어 바로 잡을 수 있는 정유년이 되길 기도한다. 작은 부분부터 실천해 나가면 어느새 큰 것까지도 바뀔 것이라 믿는다.

그래서 우리 아이들에게, 아이들의 아이들에게 계속해서 건강한 먹거리, 깨끗하고 안전한 환경, 다양한 기회를 제공해줄 수 있는 사회가 되길 소망한다. 그러기 위해서는 모두가 새사람이 되어야 한다. 이전의 더럽고 추한 모습 그대로라면 달라질 수 없다. 모두가 깨끗한 새사람으로 거듭나서 2017년 한 해를 새롭게 살아가길 바란다.

도서관이 살아있다

조선 500년 역사 가운데 성군으로 꼽히는 세종대왕과 정조대왕의 시절엔 공통점이 하나 있다. 바로 집현전과 규장각이라는 도서관이 있었다는 것이다.

세종대왕은 집현전을 열어 학자들이 연구에만 전념하도록 후원했다. 그로 인해 유능한 학자들이 많이 배출되었고,

한글창제라는 경이로운 결과물이 나올 수 있었다. 정조대왕이 설립한 규장각은 조선시대 왕실 도서관이면서 학술과 정책을 연구한 관서로 당파를 넘어 훌륭한 인재를 모으는 기구가 되었다. 시대를 초월해 도서관은 그 시대의 문화적 수준을 높여주는 역할을 한다고 볼 수 있다.

2016년 12월 현재 안산의 도서관은 단원구 17개소, 상록구 13개소로 총 30개소에 이른다. 이름을 올리지 않은 민간의 작은 도서관들까지 합하면 그 수가 더 많다. 그러니 안산은 문화적 수준이 높다고 할 수 있다. 2006년 봄, 성포도서관에서 독서토론회 수업을 처음 한 것을 계기로 필자는 11년째 도서관 수업을 해오고 있다.

10년이면 강산이 변한다는데 그동안 도서관도 많은 변화가 있었다. 처음 도서관 수업을 시작할 때만 해도 안산에 큰 도서관은 관산도서관, 성포도서관, 감골도서관 이렇게 세 곳과 작은 도서관 두 곳뿐이었다. 그러던 것이 그해 여름, 중앙도서관이 생기고 다음해인 2007년 단원어린이도서관과 상록어린이도서관이 생겨나면서 활력을 더하더니 매년 크고 작은 도서관이 새로이 태어나고 있다.

프로그램도 점점 폭넓게 다양해지고 있다. 유아, 어린이,

청소년, 성인, 노인 전 계층이 고른 혜택을 누릴 수 있도록 점점 진화하고 있는 것이다. 또한 '한 도시 한 책 읽기', '하루 10분 독서운동' 등의 행사를 통해 시민들의 책 읽기를 권장하기도 한다. 거기에 머물지 않고 2011년부터 매년 '도서관 책 문화 축제'를 열어 강연, 공연, 체험, 나눔의 시간을 가짐으로 시민들과 책이라는 매개체로 소통하고 있다.

안산의 도서관은 전국에서도 운영을 잘하는 측에 속해 뿌듯하고 자랑스럽다. 빌 게이츠가 "오늘의 나를 만들어 준 것은 조국도 어머니도 하바드대학도 아닌 동네 도서관이었다."고 말했는데, 안산의 도서관들로 인해 우리들 중에서도 빌게이츠 같은, 아니 그보다 위대한 인물이 나오지 않을까 은근 기대해본다.

11년째 안산의 도서관에서 학생들에게 글쓰기와 토론을 지도하다보니 자연스럽게 그 사이 변해가는 도서관의 모습뿐 아니라, 아이들의 모습 또한 실감나게 실시간으로 지켜보게 된다. 도서관이 진화하듯 아이들도 지식의 향상 등 바람직한 면으로 발전하기도 하지만, 건조한 정서와 소통의 부재 등 안타깝고 아쉬운 점도 생겨나고 있다. 그런데 다행이도, 이런 현실의 상황을 인식하고 개선하려는 노력이 곳곳에서 보여 안심이다.

필자의 아호는 아이조아(兒理助啊)다. 아이들을 이해하고 도와주고 사랑한다는 뜻이다. 보다 많은 아이들에게 아이조아를 실천하고 싶어 도서관이나 학교 등 공공기관 참교육에 동참하고 있다. 아이들이 다양한 책을 많이 읽고 잠재되어 있던 내적 생각을 글쓰기와 토론을 통해 풀어내면서 정서적으로 안정을 찾아 행복했으면 좋겠다. 그리고 각자의 재능을 발견하고 그 재능을 활용해 꿈을 이루어 나가길 바래본다.

누구에게나 무료 교육의 기회를 준다는 면에서 도서관의 역할은 크다. 지금도 잘하고 있지만 여기에 만족하여 정체되지 말고 계속 살아 숨 쉬며 진화하여 평생교육의 장이 되어주었으면 한다. 그리고 아이들에게 꿈을 심어주는 참교육의 장으로 우뚝 서길 바란다.

열심히 달린 그대, 잠시만요

실용음악 작사·작곡으로 대학입학 실기시험 준비에 한창

이던 고3 딸이 아프다. 지난 금요일부터 며칠째 열이 내리지 않고 아무 것도 못 먹으며 약에 취해 축 쳐져 있는 모습이 측은하여 얼른 낫게 할 요량으로 병원에 입원시켜 놓고 보니, 폐렴에 A형 인플루엔자 진단까지 나왔다. 현재 격리치료 중이다. 생각지도 못한 결과에 많이 놀랐지만, 열심히 달려온 딸의 노고를 알기에 잠시 쉬어가라는 뜻으로 받아들이고 마음을 편히 가졌다.

병원이 좋긴 하다. 다 죽어가던 딸을 입원치료 하루 만에 생기 돌게 만들어 놓았으니 말이다. 완치 될 때까지 입원치료는 계속 되겠지만, 겉보기엔 통원도 가능할 만큼 호전되었다. 심지어 딸은 하루 전까지만 해도 눈 하나 제대로 못 뜨던 상황이었음에도, 남들 다 정시 준비로 분주한 이 중요한 시점에 자신만 병원에서 아무 것도 못하고 있는 상황을 속상해할 정도다. 그래서 나는 숨 고르는 시간으로 생각하라 말해주었다.

목적지를 향해 갈 때 쉬지 않고 달릴 수는 없다. 걷거나 뛰는 사람들은 자주, 자전거로 가는 사람들은 간혹, 자동차로 달려도 한두 번은 쉬어줘야 한다. 생리적인 현상도 처리해야 하고 물이나 차도 한 잔 마셔야 한다. 경직되어 있던 몸도 잠시 풀어주어야만 또 달릴 수 있다. 사고를 방지하기 위해 중간점검도 해야 하고 충전도 해야 한다. 아무 것도 보지 않고 목적지만 향해 달리면 생각지 못한 사고가 발생할 수도 있기 때문이다.

나는 30대 후반부터 지금까지 한 달에 반은 건강하고 나머지 반은 부실하게 살아왔다. 그래서 건강할 때 가급적 많은 일을 처리하려 애쓴다. 그래도 무리하면 부실한 기간에 훨씬 힘들어지니 건강할 때도 몸을 사리는 편이다. 일 년 열두 달 건강한 사람들의 눈에는 뺀질이(?)로 보일 수도 있겠지만 나 나름대로 조절하며 살다보니 모순적이긴 하나 아직까지 큰 병 하나 없는 건강상태를 유지하고 있다. 참 감사한 일이다.

안산제일교회 고훈 담임목사님이 12월 11일에 은퇴식을 갖는다. 한국 교회에서 존경받는 목회자이자 시인이지만 몸이 연약하시다. 젊어서는 결핵으로, 2002년부터 2010년까지는 위암, 췌장암, 십이지장암, 임파선암이 온 몸에 거미줄처럼 퍼져 투병하셨다. 8년차 말기 암 투병 중에는 패혈증 합병증으로 임종까지 준비했다가 기적적으로 살아나셨다. 그런데도 그 연약한 몸으로 세상의 연약한 사람들을 위한 목회를 이제껏 해오셨고 곧 은퇴식을 갖는다. 아름다운 동행이었고 성공적인 마무리다.

병원에 빈 병실이 없어 기다렸다 배정받을 정도로 환자들이 많다. 서비스가 좋아진 까닭일 수도 있겠다. 여하튼, 딸 간호로 병원을 출입하다보니 아는 사람을 여럿 만났다. 어제까지 멀쩡했던 분이 교통사고로 혹은 내과적인 문제로 입원해있다. 병원에 입원한 환자들 모두 일상에서는 나름대로 최선을 다해 열심히 살던 분들일 것이다. 적어도 내가 만난 분들은 그랬다. 그러니 열심히 달려오느라 방전된 분들에게 병원은 충전소인 것이다. 꼭 병원이 아니더라도 충전할 수 있지만 병원은 고기능성 충전소라 하겠다.

그래서 기도한다. 딸을 비롯한 모든 환자 분들이 적절한 치료를 통해 충분히 건강해져서 일상으로 돌아가 목적지를 향해 다시 열심히 달릴 수 있게 해달라고.

"열심히 일한 당신, 잠시만요. 쉬웠다 가실게요."

3장

그 봄

힘든 여행에 깃든 희망

흔히 엄마와 딸은 애증의 관계라고들 말한다. 누구보다 사랑하지만 누구보다 많이 싸우는 모녀 사이. 특히 사춘기 딸과 갱년기 엄마가 만나면 갈등은 절정에 달한다. 필자 역시 수년간 경험해왔고 많이 좋아지긴 했지만 지금도 잠재된 휴화산들로 여전히 조심스럽다. 그래서 간혹 찰떡궁합의 모녀를 만나면 부러운 반면 질투심이 인다.

그런데 '엄마의 말은 잔소리', '엄마는 훼방꾼'의 이미지가 단단히 성립되어 필자를 밀어내기에 급급하던 딸이 바뀌고 있다. 조금씩 의견을 물어보며 다정하게 다가오더니 이번에 여행을 함께 가자고 제안해온 것이다. 자칫 잘못하면 처음이자 마지막이 될지도 모른다는, 그 말로만 듣던 아슬아슬 스릴 넘치는 위험천만한 모녀해외여행을 말이다.

딸은 음악을 공부하는 자유로운 영혼의 소유자다. 그래서 사실 어디로 튈지 몰라 늘 불안한 존재다. 그런데 부족한 용돈을 충당하기 위해 지난해 봄부터 시작한 주말 아르바이트를 쉬지 않고 꾸준히 하는 모습에서 성실함을 보았다. 그리고 그 돈을 모아 계획적으로 사용하며 알뜰여행까지 즐기는 모습에 믿음직스러움이 생겨났다.

그래서 필자 또한 노력중이다. 우선 딸에 대한 관심을 반으로 줄이기. 방이 아무리 어질러져 있어도 나름대로의 질서가 있으니 건드리지 않기. 복장에 대해 섣부른 의견 달지 않기. 사생활을 인정하여 소재만 확인되면 귀가시간은 본인에게 맡기기. 엉성한 계획처럼 보일지라도 그녀의 인생경험이라 여기기.

이렇게 서로 노력함으로써 우리는, 수년간 '사랑과 전쟁' 모녀 편을 찍을 만큼 다양했던 갈등 경험을 잊고 언제 그랬냐는 듯 평화를 누리게 되었다. 그럼에도 불구하고 여행사를 끼지 않은 둘만의 자유여행이 망설여진 것은 모녀여행에 대한 부정적 의견들 때문이었다. 괜한 여행으로 좋아지고 있던 관계가 다시 틀어지면 안 가느니만 못하지 않은가!

하지만 필자는 딸의 제안을 받아들였고 우려와 달리 우리는 3박 4일간의 대만 여행을 즐겁게 마치고 무사히 귀국했다. 물론 마냥 좋았던 것은 아니다. 딸 입장에서는 모든 것을 다 해주던 아빠를 대신해야 하니 힘들었을 것이고, 필자 역시 남편보다는 어려워 눈치를 살피는 불편함은 있었다.

그렇지만 다툼은 없었다. 오히려 사이가 더 좋아졌다. 낯선 곳에서 서로 놓치면 안 된다는 생각에 그 더운 날씨에도 손 꼭 붙잡고 다녔으니까. 서로에게 온전히 집중하며 살피는 모습이 남들 보기에는 찰떡궁합 모녀로 보여 부러움과 시샘을 받았을지도 모르겠다. 다시 생각해도 흐뭇한 광경이다.

아무런 정보 없이 따라나선 어린아이 같은 필자에게 여행지에서의 딸은 누구보다 듬직한 보호자요 리더였다. 할인할 때 미리 비행기와 호텔을 예약해두어 저렴하면서도 편안한 여행을 선사해주었고, 지하철 투어와 버스 투어를 적절히 안배하여 다양하고 알찬 경험을 하게 해주었다.

평상시 하루에 천 걸음도 안 걷던 필자가 3만보 가까운 강행군에도 지치지 않았던 것은 친구들과의 여행을 답사 삼아 불필요한 부분을 걸러낸 딸의 배려 덕분이다. 입맛에 잘 맞던 음식들 역시 직접 시행착오를 겪은 후 나온 혜택이다.

시간의 흐름 속에 많은 것이 바뀌어 간다. 모습도 바뀌고 생각, 행동도 바뀐다. 어린아이가 어른이 되고 또 노인이 되듯이 어릴 때는 미숙하여 엄마의 손과 발을 바쁘게 하던 딸이 훌쩍 자라 어느 새 둔해진 엄마의 눈, 코, 입 그리고 손발이 되어주고 있다. 그만큼 나이 들어감이 느껴져 슬프기도

하지만 딸의 성숙되어지는 모습 속에서 희망을 찾는다.

올해 들어 <쓰리 빌보드>, <레이디 버드>, <플로리다 프로젝트> 등 다양한 모녀지간 소재의 영화가 잇달아 나와 감동을 주고 있다.

시간 날 때마다 엄마와 딸의 이야기가 담긴 영화나 연극, 혹은 책을 찾아보며 앞으로 남은 딸과의 인생여행을 어떻게 하면 좀 덜 힘들게 또 더 알차고 행복하게 할까 계획을 짜보아야겠다. 이번에 딸의 노력으로 편안하고 행복한 여행을 누렸던 것처럼 딸에게도 편안한 인생여행을 선물해주고 싶다.

여행에서 돌아온 지 하루 만에 딸에게 "우리 다음에 또 어디로 갈 거야?" 하고 물었다. 살짝 당황스러운 표정을 짓던 딸의 입에서 어떤 대답이 나올지 한껏 기대를 가지면서.

오월의 노래

"날아라 새들아 푸른 하늘을, 달려라 냇물아 푸른 벌판을, 오월은 푸르구나 우리들은 자란다, 오늘은 어린이날 우리들

세상. 우리가 자라면 나라의 일꾼, 손잡고 나가자 서로 정답게, 오월은 푸르구나 우리들은 자란다, 오월은 어린이날 우리들 세상."

아동문학계의 대부 고 윤석중 선생이 일제 탄압에 의해 9년간 중단되었던 어린이날을 부활시킬 목적으로 1946년 지은 어린이날 노랫말이다.

곡은 두 종류가 있다. 우리가 칠십년간 불러오는 어린이날 노래는 두 번째 곡이다. 첫 번째 곡은 윤석중 선생이 친분 있던 명망가 안기영 교수에게 부탁하여 만들어진다. 그러나 그가 여운형 추도곡을 만들어 지휘했다는 이유로 음악활동을 중지당하면서 금지된다. 그래서 1948년 만주에서 돌아온 윤극영 선생에게 다시 부탁하여 재탄생한다. 그 후 이 노래는 어린이날이면 어김없이 불리는 모든 이의 애창곡이 되었다.

밝고 경쾌한 노래 이면에, 해방 후 겪은 좌우파의 갈등으로 하나의 가사에 두 개의 곡이 만들어진 안타까운 사연이 숨어있다.

"높고 높은 하늘이라 말들 하지만, 나는 나는 높은 게 또

하나 있지, 낳으시고 기르시는 어머님 은혜, 푸른 하늘 그보다도 높은 것 같애. 넓고 넓은 바다라고 말들 하지만, 나는 나는 넓은 게 또 하나 있지, 사람 되라 이르시는 어머님 은혜, 푸른 바다 그보다도 넓은 것 같애."

이 노래는 1953년 <어린이 찬송가>에 발표된 이후 선풍적 인기를 끌다가 국민학교(현 초등학교) 교과서에까지 채택된 특이한 이력을 가졌다. 고 윤춘병 목사가 이북에 남기고 온 그의 어머니를 그리워하며 1946년 지은 가사에 한국 동요계와 교회음악사의 대부인 박재훈 목사가 곡을 붙였다.

'어머님 은혜'는 매년 어버이날이 되면 양주동 작사 이흥렬 작곡의 노래 '어머니의 마음'과 함께 가장 많이 불린다. 그런데 두 곡 다 제목과 가사에 어머니만 나오니 자식 된 입장에서 노래를 부르다보면 자연히 아버지들 눈치를 보게 된다. 1956년 5월 8일부터 '어머니날'로 지정되어 1973년 '어버이날'로 변경되기 전까지 만들어진 곡들이라 그럴 수 있다지만 이제는 가정의 평화와 행복을 위해 어머님 은혜를 어버이 은혜로 고쳐 부르길 권한다.

그나마 딸의 입장에서 아버지의 마음을 헤아려보는 인순

이의 '아버지'와 아들의 입장에서 아버지의 고충을 노래한 싸이의 노래 '아버지'가 있어 자칫 어버이날 소외감으로 쓸쓸할 뻔한 이 땅 모든 아버지의 마음을 적실 수 있어 다행이다.

"스승의 은혜는 하늘같아서, 우러러 볼수록 높아만지네, 참되거라 바르거라 가르쳐주신, 스승은 마음의 어버이시다. 아아 고마워라 스승의 사랑, 아아 보답하리 스승의 은혜."

어린이날이나 어버이날은 여전히 물심으로 맘껏 축하해주고 고마움을 표현하고 있는데, 스승의 날은 갈수록 위축되어 씁쓸하다. 특히 김영란 법으로 인해 꽃 한 송이 선물하는 것조차 서로 눈치를 봐야하는 실정이니 아예 스승의 날인 15일에는 다른 이유를 들어 쉬는 학교도 있다.

스승의 날은 교권존중과 교원의 사기진작, 지위향상을 위하여 지정된 기념일이다. 허나 일부 교사의 잘못된 판단과 행동이 계속하여 사회문제를 일으키다보니 많이 하락했다. 어찌 보면 스스로 그렇게 만든 책임도 크니 자정하여 형식적이 아닌 마음에서 우러나는 존경과 사랑을 듬뿍 받는 스승이 많아지길 바란다.

산천이 푸르러 우리의 온 마음을 뛰게 하는 오월에는 유독 기념일이 많다. 비록 여러 기념일 챙기느라 얇아지는 지갑만큼 마음도 가벼워지겠지만, 구구절절 사연 깃든 오월의 노래들로 삶에 풍요로움을 누리는 사치 한번 부려보자.

퍼스트레이디

지난 금요일 남북정상회담이 생중계 되어, 보는 이들을 감동의 도가니로 몰고 갔다. 영원한 앙숙으로 남을 것만 같던 남북의 두 정상이 만나 시종일관 보여준 화기애애한 모습에 긴가민가하면서도 절로 흥이 났다.

한반도의 완전한 비핵화, 종전선언과 항구적 평화를 위한 다자회담 추진, 모든 적대행위 중지와 비무장지대의 평화지대 전환 등 판문점 선언의 큰 성과로 문재인 대통령의 국정 지지율은 86%까지 올랐다. 더불어 김정은 위원장에 대한 평가도 꽤 긍정적으로 변했다.

하늘색 원피스 차림의 김정숙 여사와 살구색 투피스 차림의 리설주 여사, 두 퍼스트레이디의 첫 만남도 회담을 빛냈다. 마치 늘 있어왔던 일처럼 편안하고 조화로웠다. 아마도 호감형의 닮은 외모와 튀지 않는 단아함, 비슷한 전공 등으로 통하는 부분이 많은가 싶다.

두 퍼스트레이디의 온화한 파스텔 톤 의상에서 느껴지듯 이제 남북에도 봄이 왔다. 문 대통령의 당부처럼 두 레이디를 통해 문화적 교류가 이뤄진다면 두 정상의 정치적 교류에 힘을 더해 통일도 머지않아 보인다. 잠시 잊혔던 퍼스트레이디의 시대가 돌아온 것이다.

수년 전 최고은 씨가 썼던 '퍼스트레이디의 역할에 의한 유형화'라는 논문이 있는데, 프란체스카 여사에서 이희호 여사까지 8명의 대통령 아내들을 리더십 역할에 따라 분석한 것이 특징이다.

논문은 프란체스카 여사는 실질적 비서실장, 육영수 여사는 청와대 안의 제1야당으로 분류했다. 반면 이순자 여사는 유별난 영부인형, 김옥숙 여사는 베갯머리 내조형으로 평가했다. 홍기 여사는 편안한 내조형, 공덕귀 여사는 전략적 후퇴형으로 분석했고, 손명순 여사는 전통적인 안주인, 이희호 여사는 비판적 조언자 역할을 한 것으로 평가했다.

물론 일부 과장되거나 왜곡된 부분도 있을 것이기에 논문을 맹신하지는 않지만, 오랜 기간 연구하여 이름을 걸고 발표한 글인 만큼 객관적 신뢰성은 있어 보인다. 또 그럴 듯하다.

시대가 많이 바뀌었다. 최근에 등장하는 각국의 퍼스트레이디들을 보면 개성이 강하다. 정치사회적 발언도 서슴지 않을뿐더러, 남편 못지않게 주목을 받기도 한다. 과거 같으면 구설에 오르내릴 일이겠지만 지금은 소신 있고 자신감 넘치는 그녀들의 모습을 반기는 추세다. 내조에 그치지 않고 적극성을 띄는 이들을 '신 퍼스트레이디'라 부른다.

퍼스트레이디는 대통령이나 수상의 부인을 이르는 말이다. 그러나 '각계에서 지도적 지위에 있는 여성'이라는 사전적 의미로 볼 때, 꼭 대통령 부인만이 아니라 광역이나 기초단체장의 부인 혹은 스스로 지도층에 위치해 있는 여성 모두를 포함한다고 하겠다.

그런 의미에서 볼 때 안산에도 퍼스트레이디들이 꽤 있다. 모두를 알지는 못하지만 이십 년 가까이 안산에 거주하며 활동하다보니 얼추 안다. 참 괜찮은 여성들이 많다. 그런데 때로는 남성 중심 사회에서 맘껏 기량을 발휘하지 못하기도 하고, 견제세력의 음해를 통해 추락하는 경우도 있다. 욕 먹어가며 버티는 이들도 있고 철저한 자기 관리를 통해 사회적 위치를 다지고 존경을 받는 이도 있다.

필자도 안산의 각계 지도층 여성들을 보면서 본받고 싶은 이가 몇 명 된다. 그런데 요즘 그 중 한 명으로 마음이 아프다. 십 수 년을 가까이에서 바라보면서 어쩜 그리 똑똑한데도 겸손한지, 멋을 내지 않는데도 멋스러운지, 높지도 낮지도 빠르지도 느리지도 않은 말투로 신뢰감을 주는지, 한결같이 순수하고 긍정적인지, 그녀를 만나면 다들 좋아라한다.

또 어찌나 현명한지, 외모가 아닌 내면의 모습으로 배우자를 취하여 기막힌 내조를 통해 남편을 최고로 만들어 놓았다. 그런 그녀가 요즘 아프다. 어찌 보면 아무 것도 아닌 일에 연루되어 곤혹을 치르고 있다. 그녀에 대해 아는 것이 없다면 모를까 너무나도 잘 아는 입장에서 그녀의 억울함을 백번 공감하고 이해한다.

그녀는 조금이라도 문제가 될 일이라면 삼갔다. 지인들에게조차 얄미울 정도로 어떤 혜택도 주지 않았던 그녀가 사소한 일에 연루되어 마음고생으로 얼굴까지 상한 모습이 안타깝지만 필자는 그녀를 믿는다. 다시 일어서 힘든 시기를 잘 이겨낼 것이다. 왜냐하면 그녀는 현명한 퍼스트레이디니까.

중앙도서관 시민서평단의 저력

지난해 중앙도서관에서 처음 기획되어 6월부터 9월까지 운영되었던 성인대상 서평교육 프로그램 '책, 안산시민이 안산시민에게 권하다'가 예상보다 더 많은 시민들의 관심과 수강생들의 적극적인 호응, 그리고 질 높은 결과물에 힘입어 올해 2기로 이어졌다. 올 2기는 횟수를 늘려 4월부터 9월까지 운영되며, 기초반과 심화반으로 나뉘어 한창 열띤 수업 중에 있다.

중앙도서관의 서평교육은 일회성으로 끝나지 않는다. 사후 관리까지 해준다. 우선, 수강기간 갈고 닦은 수강생들의 서평을 묶어 서평집을 발간하여 나눠준다. 다음, 각계각층으로 배부하여 적극 알린다. 그리고 온오프라인에서 시민서평단으로 활동하도록 돕는다. 또한 자발적 수업이 이어지도록 장소제공 등 물심을 아끼지 않는다. 거기에 더하여 서평관련 공모전 등 유익한 정보를 지속적으로 제공한다.

이쯤 되면 왜 그렇게까지 도서관이 서평교육에 관심을 쏟는지 궁금해질 것이다. 필자 또한 2년간 서평단 강사로 수업을 진행하고 있지만 궁금했다. 그 답은 손경수 평생학습원장의 서평집 인사말에서 찾아볼 수 있다.

"SNS와 인터넷 글쓰기가 일상화된 지금시기에, 글쓰기에 대한 일반 시민들의 높아진 욕구를 충족시키고, 서평 글쓰기를 통해 안산시민이 읽을 책을 안산시민이 직접 선정하여 소개함으로써, 독서와 도서관에 대한 관심을 높이기 위해 특별히 마련된 프로그램입니다."

핵심은 '시민이 시민에게 권하는 책'에 있다. 입소문 효과를 독서와 도서관에 접목한 발상이 신선하다. 또한 책 읽기 쉽지 않은 현실에서 자발적인 참여를 이끌어내어 현실로 실천하기까지 공들였을 관계자들의 노력이 고스란히 느껴져 고마움을 전한다.

안산에는 30여 개의 도서관이 운영되고 있다. 그러하니 도서관마다 특별한 프로그램을 개발하여 마음껏 펼치고 싶어도 예산 부족으로 쉽지 않은 상황이다. 그래서 중앙도서관의 시민서평단 양성과정을 비롯한 기발한 몇몇 인기 프로그램은 힘든 공모사업을 거쳐 진행 중에 있다. 도서관에 대한 시 예산이 좀 더 늘었으면 하는 이유이기도 하다.

서평은 읽은 책에 대한 조리 있는 설명과 평가를 문자화하는 작업이다. 그런 면에서 느낌, 감동, 깨달음 등을 쓰는 독후감과는 다르다. 서평에서의 설명과 평가는 독자의 책읽기에 영향을 미치므로 책임이 따른다. 그래서 함부로 평하면 안 된다. 독후감보다 더 깊은 사유가 전제되어야 한다.

서평쓰기의 장점은 심화된 독서행위를 통해 자아성찰을 이룸에 있다. 책을 읽고 이해하고 해석하는 작업을 거쳐 힘들게 글로 표현하고 나면 자아성찰의 보상이 따른다. 반복을 통해 세상을 대하는 태도와 삶의 변화를 감지하게 된다. 나아가 잠재된 독자들의 독서여부에 영향을 끼치고 세상을 원하는 방향으로 조금씩 바꿔갈 수도 있다.

중앙도서관이 깔아놓은 멍석에 좀 놀 줄 아는 시민들이 모여 함께 하는 서평수업은 만족스럽고 행복하다. 서평 교정의 반복을 통해 더러는 생각지도 않았던 문학상을 타기도 하고, 더러는 안산의 책 선정위원으로 활약하기도 하고, 또 더러는 지역 신문에 서평을 게재하는 등 활발한 활동을 보이는 시민서평단의 모습에 흐뭇함과 보람을 느낀다.

금번 2기에 참여하는 수강생들 또한 1기에 못지않게 열심이다. 아직은 서평의 요건을 제대로 갖추지는 못했지만 매주 책을 읽고 글을 써와서 함께 나누며 교정하는 과정을 즐길 줄 안다. 각자는 한 권의 책을 읽고 왔지만 다른 이들의 서평을 통해 다양한 책을 읽는 효과 또한 누린다. 그리고 관심 있는 책을 찾아볼 기회를 제공받는다.

필자는 이 프로그램을 통해 새 희망을 본다. 서평이 쉬운 강좌가 아님에도 수강인원 30명 정원을 매번 넘어서는 시민들의 관심이 놀랍고, 전문가들 스터디에서도 매번 글을 발표하기란 쉽지 않은데 매회 진지한 글쓰기를 해오는 모습에 경이를 느낀다. 중앙도서관 시민서평단의 저력이 어디까지 이어질지 궁금하다.

그래서 소망한다. 부디 이 사업이 끊이지 않고 이어져 안산시민 모두가 서평단이 되는 기적이 이루어지길.

갈등 그리고 반응

살면서 갈등 한 번 없이 지냈다는 사람이 있다면, 단언컨대 거짓말쟁이다. 잘못된 의사소통, 서로 다른 가치관, 이해수준, 성격차이, 문화차이, 부적당한 요구, 불완전한 리더십,

채워지지 않은 욕구, 도덕적인 문제, 말실수, 기분 탓 등으로 누구든지 어디에서나 갈등에 놓일 수 있다. 지극히 자연스러운 일이다.

그런데 갈등에 보이는 반응은 다양하다. 나는 옳고 너는 틀렸다는 승리형은 공격적이다. 남의 말을 잘 듣지 않고 자신의 옳음을 증명하기 위해 관계를 희생시킨다. 이런 경우 승리감에 잠시 기분 좋을지는 몰라도 다른 사람과의 관계를 위험에 빠트릴 수 있다. 표면상 평화롭다 해도 골이 점점 깊어져 곁에 남는 이가 별로 없다. 다들 슬금슬금 피하거나 떠나기 때문이다.

네가 옳고 나는 틀리다는 양보형은 수동적이다. 다른 사람의 감정을 다치게 하지 않아 평화로우나 가치 있는 의견이 나누어질 수 없고 속으로 쌓여 스스로 벽을 만들다가 폭발할 수 있다. 인생 오래 살아오신 어르신들의 "순하고 얌전해 보이는 사람 화나면 무섭다."는 말씀이 맞다. 순한 사람, 얌전한 사람, 젊잖아 보이는 사람 편하다고 함부로 건들다가 큰 코 다친다.

더 이상 이야기하고 싶지 않다는 외면형은 다른 이들에게 갈등을 넘김으로 잠재적으로 승리한 듯 보이나, 문제는 해결되지 않고 여전히 남아 주변인에게 상처를 줄 수 있다. 조금도 손해 보지 않으려는 이기적 성향이 강한 이들에게서 많이 보이는 양상이다. 그런데 그들은 모른다. 자신들에게 문제가 생겼을 때 다른 이들도 똑같이 외면할 가능성이 높다는 것을.

중간에서 만나기를 원하는 타협형은 가치관이나 도덕적 요구와 관계없이 양쪽 모두 좋은 감정을 느낄 수 있다. 그러나 계속적인 만족으로 이어지지는 않는다. 양쪽 모두의 요구를 만족시키기란 힘들뿐만 아니라 자칫 잘못하면 중간에서 원망을 들을 수도 있다. 특히 잘잘못이 분명함에도 불구하고 양쪽의 힘이 팽팽한 경우 타협은 결렬될 가능성이 높다.

내 방식으로 너를 매혹시킬 거야 하는 조작형은 때로 지나치게 감정적이라 정직하지 못한 방법을 쓸 수 있다. 자신은 승리감을 얻을 수 있으나 다른 사람에게 속았다는 느낌, 분노감을 남길 수 있다. 한두 번은 통하겠지만 계속 된다면 신뢰와 신용의 회복이 불가하다.

모두 가치 있는 의견을 가지고 있다는 해결형은 관계를 중요하게 여겨 함께 이야기 나누기를 즐긴다. 이는 건전한 해결책을 낳아 갈등을 평화롭게 풀고 관계를 더욱 돈독하게 한다. 그러나 시간과 노력이 많이 들고 겸손이 필요하다. 남들이 귀찮고 힘들어서 꺼리는 일을 하는 해결형 주변에는 사람들이 모여들게 마련이고, 그는 자연스럽게 지도자로 세워진다.

위의 여러 양상 속에 나는 어떤 형에 속할까 생각해본다. 때론 공격적이었다가 수동적이 되기도 하고, 외면했다가 타협하기도 한다. 그런가 하면 간혹 상대를 설득하기 위해 감정을 숨길 때도 있고 노력을 아끼지 않고 해결할 때도 있다. 관계에 따라 조금씩 달라지는 것 같다.

갈등은 누구에게나 어디서든 일어날 수 있지만 해결되어야 한다. 그렇지 않으면 개인적인 경우 분노, 질투, 폭발, 외면, 질병, 망연자실, 불안, 스트레스, 의기소침 등의 징조로 나타난다. 집단의 경우 역할외면, 임무수행거부, 계속된 다툼, 도피, 지나친 순종, 가십, 파벌과 당파 등의 징조를 보인다. 따라서 갈등이 해결되지 않으면 건강한 관계를 형성할 수 없다.

위기를 기회로 삼듯이 우리에게 갈등이 생겼을 때 더 좋은 관계를 형성하기 위해서는, 우선 문제가 있음을 인식하고 마음을 다스린 후 책임 부분을 인정하는 겸손함을 가져야겠다. 그러고 나서 타인의 이야기를 충분히 들은 후 자신의 감정을 표현하는데, 상대에 대한 공격적인 '너는'이라는 표현을 피하고 자신 내부의 갈등상황인 '나는'이라는 표현을 쓰는 것이 좋겠다.

사람의 성향이 하루아침에 바뀔 수야 없겠지만, 우리 중에 늘 승리형으로 대처하여 온 이가 있다면 지나친 아집과 고집으로 다른 사람을 괴롭히지는 않았는지 돌아보고 조금 유연한 자세를 취해보자. 외면형으로 살아왔다면 자신의 외면으로 다른 이들을 곤란에 빠트리지는 않았는지 돌아보고 갈등해결에 나서는 용기를 내어보자. 당장의 해결을 위해 상대를 속이는 조작형은 거짓은 금방 들통 난다는 점을 명심하여 솔직하고 정직한 해결방법을 쓰도록 노력하자.

어쩌다 그는 괴물이 되었을까?

지금 그를 좋아하는 사람은 없다. 아니 없을 것이다. 왜냐하면 그는 괴물이기 때문이다. 간혹 특이한 것을 좋아라하는 독특한 성격의 소유자도 있지만, 대부분은 꺼린다.

평소 그는 온몸을 철저히 가리는 특수 제작된 세련되고 품위 있는 위장복을 입고 빛나고 말쑥한 가면을 쓰고 다녀 그의 본 모습을 아는 이가 없었다. 그러다 언제부턴가 그의 흉측한 꼬리를 보았다, 기괴한 다리를 보았다 등의 풍문이 돌았다. 사람들은 믿으려 하지 않았다. 연예인 같이 인기 많은 그가 무슨? 해놓은 성과가 얼만데? 콧방귀를 뀌었다.

그러나 소문은 시간의 흐름 속에 더 자주 점점 더 구체적으로 퍼졌다. 사람들은 고개를 갸웃했다. 정말이란 말인가? 의심은 꼬리에 꼬리를 물었다. 그의 옷은 하나둘 벗겨졌다. 가면도 뜯겼다. 결국 드러난 그의 실체에 사람들은 경악을 금치 못하고 있다.

괴물은 우리 사회 곳곳에 숨어 있다가 어느 순간 드러난다. 지금까지 드러난 괴물 중 단연 가장 큰 괴물은 이명박 전 대통령이 되겠다. 그에 비하면 박근혜나 전두환 전 대통령은 작은 괴물로 느껴지기조차 한다.

이명박! 그는 한 때 살아있는 신화였다. 극심한 가난과 병마의 고통을 이겨내고 입사한지 11년만인 35세에 현대건설 사장이 될 정도의 신화를 창조했던 인물이다. 하지만 그의 자서전 제목처럼 '신화는 없었다'. 단지 권모술수로 만들어 낸 화려한 이력만 있었던 것이다.

그에 대해 끊임없이 의문을 제기하고 증거를 대오던 이들은 말한다. 그는 절대로 대통령을 해선 안 될 악질 중에서도 극심한 악질이라고. 피도 눈물도 없는 그에게 사면은 없을 거라고. 뒷주머니 채우려고 대통령 된 사람이라고. 의리를 저버리고 배신을 일삼은 결과라고.

어쩌다 그는 전과 11범의 괴물이 되었을까?

어린 시절의 극심한 가난과 서러움이 돈에 집착하게 했을 것이다. 거기에 관료결탁, 부정수주, 속임수 공사, 토지투기, 장부조작, 용역깡패동원 등으로 부를 축적하던 70년대 건설회사 사장이었던 점도 한 몫 하겠다. 거기서 그쳤으면 좋았을 것을.

경제부흥에 대한 국민들의 갈망이 눈 가리고 귀 가려 수많은 비리의혹에도 그는 대통령에 당선되었다. 경제대통령이라던 그는 나라의 경제를 살리는 일보다는 나라 안팎을 돌며 뒷돈 챙기는 일에만 혈안이 되었다. 결국 대한민국 정치와 경제를 70년대로 퇴보시켜 놓았다.

뭐든 모으지 않으면 불안해지는 수집증 환자처럼, 현재 만

76세인 그는 수십조나 되는 돈을 언제 다 쓰려고 은닉해 두었을까? 청소기처럼 우리가 낸 세금을 쏘옥 빨아들여 꼭꼭 숨겨둔 그의 인생이 불쌍하다. 국정에 보탬이 되도록 은닉 재산은 모조리 환수되어야 한다.

미투 운동 덕분인지 이명박 전 대통령만큼은 아니지만 곳곳에서 다양한 괴물들이 드러나고 있다. 지금이라도 드러나서 다행이다. 괴물들로 인해 상처를 받고 피해를 당해온 이들에게 조금이라도 위로가 되었으면 한다. 하지만 마녀사냥은 안 된다. 물 타기로 인해 혹여 억울한 사람이 생기면 안 되니 신중해야겠다.

이번 주는 예수가 핍박 중에 십자가에 달려 죽게 되는 고난주간으로, 교회적으로 금욕해야하는 중요한 일주일이다. 4월 1일은 불신자들도 아는 부활주일로 축제의 날이다. 왜 뜬금없이 고난주간과 부활주일 이야기를 하나 궁금할 것이다. 그가 교회 장로이기 때문이다.

일반 신도들도 기도하고 금욕하며 예수의 고난에 동행한다. 비단 이 기간뿐만이 아니다. 신앙이 어느 정도 되는 성도들은 평생을 자기 욕심을 버리고 예수의 십자가 사랑을 전하려 노력한다. 그런데 장로는 성도 중에도 머리가 아닌가!

그런 이가 그렇게 큰 욕심을 부리며 국민들을 기만했다는 것이 신자 입장에서 안타깝다.

부디 지금이라도 욕심을 버리고 겸허히 자신의 잘못을 받아들여 순순히 조사에 응했으면 한다. 그리고 죗값은 치러야 한다. 아무 흠 없이 순결한 예수도 우리 죄를 위하여 십자가에 달려 죽음으로 수천 년에 거쳐 십자가의 큰 사랑을 확인시켜주고 있는데, 자신이 분명히 지은 죄를 부인하면 되겠는가!

그가 궁금해졌다

6·13 지방선거를 세 달 여 앞두고 정치권이 바쁘다. 연락 없이 지내도 전혀 불편함 없던 지인들에게서 갑자기 안부전화가 걸려오고 SNS 단체 채팅방 여기저기서 초대를 받는다. 반가움에 멋모르고 응하고 보면 각 후보마다 세를 과시하기 위한 인원동원용 레이다에 걸린 것이다. 갑자기 불편해진다. 선거 때면 늘 있는 일인데도 낯설다. 그들의 열정이 부러

우면서도 못마땅하다. 평소에 좀 잘하지 꼭 이럴 때만…….

선거 때는 후보도 잘해야겠지만 지지자들의 말과 행동도 무시할 수 없다. 아무리 후보가 마음에 들어도 그를 둘러싼 이들이 영 마음에 들지 않으면 후보에 대한 신뢰감마저 떨어져 고민하게 된다. 반대로, 후보에 대해 그저 그런 마음이었다가도 그를 지지하는 이들이 썩 괜찮으면 괜히 믿음이 가기도 한다. 후보에 대해 제대로 아는 유권자가 얼마나 되겠는가! 대체로 지인들의 평가가 투표로 연결된다고 보면 맞을 것이다.

그러하니 후보는 주변에 들러붙는 하이에나 같은 기회주의자들을 조심해야겠다. 한 명이라도 아쉬워 옆에 두고 있는 건지, 특별한 다른 이유가 있어서인지는 모르겠으나 결국 자신의 표를 깎아먹는 일인 것만큼은 확실하다. 일반인들 눈에는 보이는데 후보 눈에만 안 보이는 듯하여 종종 안타깝다. 그렇다고 함부로 충언도 못한다. 시기 내지 음해한다는 말을 듣기 십상이기 때문이다. 그럼에도 충언하는 이가 있다면 길게 볼 때 그를 옆에 두는 것이 마땅하다.

필자도 마음으로 지지하는 믿음직스러운 후보가 있다. 하지만 그의 주변이 좀 못마땅하다. 그래서 살짝 꺼려진다. 지지하는 후보가 당선되는 모습을 상상하면 행복한데 그로 인해 하이에나 같은 이들이 누릴 권세까지 생각하면 이맛살이 찌푸려진다. 그렇다고 딱히 다른 마음에 드는 후보도 없다. 그래서 별 이변이 없는 한 그를 찍을 확률이 높다. 그게 오히려 화가 난다. 그걸 하이에나들이 아는 거 같아서다.

그런데, 최근 궁금해진 후보가 생겼다. 다른 이들은 선거를 앞두고 홍보와 자금 마련에 혈안이 되어 최대한 거창하게 치르는 출판기념회를, 그는 돌연 취소했다. 정확한 이유는 잘 모르겠지만, 표면상으로는 화랑유원지 봉안시설 유치 발표로 인한 안산시민의 갈등이 심화된 가운데 자신을 알리는 출판기념회를 여는 것은 시민에 대한 도리가 아니라는 이유다. 진의야 어찌 되었든 멋지다.

필자는 그를 잘 모른다. 개인적인 친분이 없을뿐더러 가까이서 본 적도 거의 없다. 그러나 행사장 내빈으로 온 그에게서 몇 가지 눈에 띄는 행동을 발견한 기억은 있다. 그 중 하나는 인사말 순서 때 함께 온 동료들을 모두 불러 짧게라도 함께 인사하던 것이다. 자신의 시간을 줄여 동료들에게 할애하는 모습은 인상적이었다. 한 가지 행동을 통해 여러 가지를 유추해 볼 수 있다는 면에서 긍정적 행동이었다. 이번 출판기념회 취소 건도 어찌되었든 그의 긍정적 이미지에 도움을 더했다.

안산이라는 지역 울타리 안에서 정치 후보를 스스로 궁금해 한 경험은 없다. 가만히 있어도 여기저기서 이런저런 소문이 들려오니 궁금해 할 필요를 못 느낀다. 그런데 소문은 대체로 긍정적인 면보다는 부정적인 면이 더 크게, 빨리, 멀리 번진다. 그래서 정치인에 대한 일반인들의 생각이 늘 부정적인지도 모르겠다. 그러니 착각하지 마시라. 자신을 지지해서라기보다는 개중에 낫다고 생각되어 찍는 경우가 허다하니 말이다. 정치하는 이들이 깊이 생각하고 개선해야 할 부분이다. 어느 날 멋진 후보가 나타나면 모두 초토화 될 수 있다.

그런데 아직까지는 도긴개긴이라 답답함이 밀려오는 중에 궁금한 후보가 생긴 것이다. 그에 대해 사람들은 말한다. 겸손한 강단이 있다고, 젊고도 단단한 정치경력을 가졌다고, 부드러운 카리스마가 있다고, 안산에서 나고 자라 완전한 안산사람인 그가 우리가 그리던 멋진 후보가 되어 대체적 난국에 처한 안산을 구해줄지 아닌지는 좀 더 지켜보아야겠다. 하지만 한 가지 분명한 것은 자기관리 잘하는 그가 될 성 부른 나무로서의 기본이 되는 떡잎을 갖추고 있다는 것이다.

축제는 도약이다

알록달록 꽃과 나비들이 춤을 춘다. 짙어가는 신록은 푸르름을 뽐낸다. 황홀한 그 아름다움과 향기에 취해 사람들은 자꾸 밖으로 나온다. 여기저기 축제가 한창인 아름다운 계절이다.

축제는 어떤 대상이나 분야를 주제로 벌이는 대대적인 행사로 소속인의 의식을 높인다. 설날, 정월대보름, 단오, 추석 등의 명절과 국가에서 국경일로 정한 삼일절, 제헌절, 광복절, 개천절 등의 민족적 큰 축제는 국민들의 의식을 높이고, 마을축제나 장미축제 등의 소규모 축제는 소속인의 의식을 높인다. 거기에 집단의 단결과 화합을 가져와 도약의 계기가 된다.

88올림픽을 치르기 전과 후의 대한민국은 다르다. 2002월

드컵을 치르기 전과 후 또한 다르다. 후진국에서 중진국으로, 또다시 선진국 대열로 도약하는 계기가 되었다. 세계인들에게 대한민국을 알리고 당당하게 세계를 누빌 수 있게 만든 전환점이 된 것이다.

처음 올림픽과 월드컵을 치를 때 말들이 얼마나 많았는가. 제대로 할 수 있을까? 잘못하면 빚으로 나라가 망한다? 등 부정적 여론이 만만치 않았다. 하지만 다행히 잘 치러냈고 어디에 있는지도 모르던 힘없던 나라가 세계인의 머리에 각인되며 차츰 부강해졌다. 부정적 여론에 부딪혀 행사를 진행하지 않았다면 이만큼 발전하지 못했을 것임은 자명하다.

나라의 축제뿐 아니라 지자체나 단체, 소그룹의 축제에도 말들이 많다. 그러니 뚝심 있는 리더가 아니면 진행해나가기 힘들다. 뭔가 꿍꿍이가 있어 행사를 추진할 거라는 근거 없는 추측과 의심으로 강경하게 반대하는 사람들을 설득시키기란 쉽지 않다. 이미 색안경을 끼고 보니 다른 색은 보일리 없고 자꾸만 자신이 끼고 있는 색깔만을 고집하는 것이다.

신중한 것과 부정적인 것은 다르다. 신중한 사고가 발전을 위한 준비라면 부정적 사고는 무조건 반대라 할 수 있다. 그러니 부정적 사고를 가진 사람이 많은 단체는 발전이 어렵다. 어떤 일 하나를 진행할 때마다 반대의 소리를 높인다면 매번 싸움으로 에너지를 소모해야 할 것이고 그러다보면 아무 것도 못해 조직은 침체되고 와해될 수밖에 없다.

모든 축제가 성공적일 수는 없다. 행사를 주관·주최하는 측의 노력 여하에 따라 결과는 달라진다. 희생하며 노력하여 철저히 준비했다면 좋은 결과가 나올 것이고 서로 미루며 대충 했다면 미흡하거나 실패할 것이다. 그러니 철저히 준비하는 것을 전제로 축제는 단체의 도약을 이끌어낸다고 할 수 있다.

행사가 거의 없는 단체의 구성원들이 서로 데면데면한 반면 행사를 많이 치른 단체의 구성원들은 끈끈한 정이 있다. 자주 만나 준비하는 과정을 거치다보니 자연히 정이 생기고 화합하게 되어 조직을 단단하게 한다. 단단한 조직은 잘 무너지지 않는다. 도약할 일만 남은 것이다.

최근 몇몇 축제를 관여하여 지켜보며 준비하는 주최 측의 뼈가 녹는 경험을 목격했다. 그들은 몸무게가 빠지고 눈이 충혈 되고 입이 헐고 병원에 실려 가는 고통스런 경험을 책임감으로 감내한다. 옆에서 보기에 뭐 저렇게까지 해야 할까 싶은데 결과가 성공이라는 보답으로 그들에게 보람을 안긴다. 그래서 그렇게들 열심히 하는 것이다. 성공해본 사람은 그 맛을 알기에 고통스러워도 또 해낼 수 있다.

축제는 즐거운 일이다. 준비하는 사람들의 정성과 노력은 축제 참가자들을 감동하게 하고 단체를 결속시키며 새로운 도약의 발판이 된다. 하지만 아무리 즐거운 축제라도 고만고만하게 여기저기 난무하면 식상하다. 그래서 올해부터 25개 동마다 특색을 갖춰 1년에 한 번씩만 축제를 열게 한 안산시의 행정을 칭찬해주고 싶다. 날마다 축제만 하고 살 수는 없다. 일상생활을 열심히 하다가 한 번씩 맞는 축제가 감동이고 즐거움이 되는 것이다. 시민단체들도 본받아 불필요한 에너지를 줄이고 한두 번에 집중하여 도약의 계기로 삼았으면 한다.

내 아버지의 사부곡(思婦曲)

지난 월요일, 남편의 성화에 못 이겨 서울에 사시는 85세 친정아버지를 모시고 35년 전 돌아가신 아버지의 여자, 그러니까 나의 친정엄마가 잠들어계시는 가평 경춘공원묘지에 다녀왔다. 매년 한두 번씩 가는데, 작년부터 조금씩 힘들어하시더니 올해는 지팡이에 의지하지 않으면 영 불편해하는 노쇠한 아버지의 모습에 괜히 울컥하며 화도 나고 걱정도 앞선다.

친정엄마는 내가 중학교 2학년 때 돌아가셨다. 지금으로 보면 고칠 수도 있는 병이지만 그때는 암이 불치의 병이었기에 힘들게 투병하다 돌아가시는 것을 가족들은 속수무책으로 바라볼 수밖에 없었다. 47세! 지금의 나보다 세 살이나 어린 한창의 나이에 4남매를 두고 떠나는 여자는 얼마나 속상하고 무서웠을까. 할 수만 있다면 몇 년 더 살고 싶었을 것이다.

열다섯 살의 어린 나이였기에 엄마를 보내는 내 마음 또한 세상이 텅 빈 것 같이 멍하니 두려웠다. 앞으로 어떻게 살아가지? 사춘기를, 결혼을, 출산을 경험하면서 점점 엄마의 빈자리는 서러움으로 커져갔다. 아버지는 도저히 채울 수 없는 그 빈자리를 스스로 채워가며 참 많이도 그리워하고 울었다. 차츰 남편이 채워주고 아이들이 채워주면서 엄마는 점점 내 마음 깊숙이 간직되어 이제는 아주 가끔씩만 꺼내

어본다.

아내를 떠나보낸 아버지의 마음은 어땠을까? 여태까지 그런 생각을 해본 적이 없었다. 나 살기 바빴고 아버지를 남자로 생각해보지 않았으니까. 아버지는 그냥 우리의 아버지일 뿐이었으니까. 그런데 이번 방문에서 묘를 쓰다듬으며 그 옆에 당신의 묘를 쓰려고 이미 조치를 취해놓으셨다는 이야기를 하시는데, 갑자기 35년 홀로 살아오신 아버지가 눈물겹도록 존경스럽고 멋지게 보이면서 한편 안쓰러웠다. 아버지의 그리움은 날이 갈수록 더해갔던 것이구나.

아버지는 교육자셨고 목회자셨다. 이미 은퇴한 지 15년이 지났지만 여전히 위로와 축복의 기도를 하는 아버지의 어눌한 말투에서 늙은 아브라함의 모습이, 이삭의 모습이 보였다. 그 늙어 추해진 모습에서 성스러움이 느껴졌다. 그러고 보니 아버지는 35년을 한결같이 이미 하늘나라에 가있는 당신의 여자와 엄마 없이 사는 불쌍한 자식들밖에 모르셨다. 그런 아버지의 걱정과 관심을 알기에 나는 더 열심히 살려고 노력했던 거 같다.

세상에 아내가 있어도 끊임없이 연애를 일삼고 또 가족들 가슴에 피멍들게 하면서 새장가 드는 남자들이 얼마나 많은

데, 아내가 죽고 없는 어찌 보면 자유로운 세상에서 홀로 그것도 35년을 홀로 사신 아버지는 과히 천연기념물이다. 내가 아는 한 연애도 하지 않으셨을 것이다. 마음에 드는 여성분이 왜 없으셨을까? 있었다 하더라도 하늘에 있는 당신의 여자 보기 미안해서 또 자식에게 조금이라도 피해가 갈까 꺼렸을 것이다. 그만큼 아버지는 깔끔하고 깐깐하신 성격이다.

새삼 하늘에 계신 엄마가 같은 여자의 입장에서 부럽다. 살면서는 자주 다투기도 했겠지만 평생을 한 여자에 대한 의리와 사랑을 지켜온 남자를 남편으로 두었다는 것이 얼마나 행복할까. 하늘나라 주변 분들의 부러움을 한껏 사고 계실 것이 분명하다. 아버지의 여자가 행복해하는 모습이 연상되니 내 기분이 좋아진다.

남편도 나의 친정아버지처럼 그리 할 수 있을까? 지금은 아내밖에 모르는 '아내바보'라 그럴 거라 상상되지만 장담할 수는 없다. 사실 지금의 한결같은 사랑만으로도 벅차고 고맙다. 보통의 여자들은 남자의 사랑하는 마음이 느껴지면 그만이다. 힘들고 어려운 일도 사랑 하나면 모두 극복할 수 있다. 그것이 여자의 힘이다. 그걸 모르는 남자들이 이 여자 저 여자 껄떡(?)대다가 모두에게 버림받고 폐가망신까지 당하는 것이리라.

미혼, 기혼을 떠나서 가벼운 연애가 난무하는 이 시대에 살다보니 20여 년을 함께 살고 그보다 더 많은 세월인 35년을 떨어져 살면서도 처음 결혼서약대로 한 여자에게만 의리를 지키며 살아온 내 아버지의 사랑이 더욱 고귀하고 아름답게 여겨진다.

내 속엔 내가 너무도 많아

"내 속엔 내가 너무도 많아 당신의 쉴 곳 없네. 내 속엔 헛된 바램들로 당신의 편할 곳 없네. 내 속엔 내가 어쩔 수 없는 어둠 당신의 쉴 자리를 뺏고 내 속엔 내가 이길 수 없는 슬픔 무성한 가시나무 숲 같네. 바람만 불면 그 메마른 가지 서로 부대끼며 울어대고 쉴 곳을 찾아 지쳐 날아온 어린 새들도 가시에 찔려 날아가고 바람만 불면 외롭고 또 괴로워 슬픈 노래를 부르던 날이 많았는데 내 속엔 내가 너무도 많아 당신의 쉴 곳 없네."

시인과 촌장의 '가시나무'(1988)를 듣다가 노랫말이 꼭 요즘의 내 상황 같아 화들짝 놀랐다. 원래도 내 속엔 내가 많았다. 정숙해보이다가도 도발적인, 마냥 부드럽다가도 카리스마 넘치는, 평소 소극적이다가도 어떤 부분에선 매우 적극적으로 변하는, 조용하다가도 방방 뜨는, 그래서 종종 "참 다양한 성격을 가지고 있는 거 같다"는 말을 듣곤 했다. 그래도 기분 나쁘지 않았다. 다중이라는 의미보다는 카멜레온, 팔색조 같이 여러 색을 내어 매력적이라는 의미로 들렸고 그런 다양한 색깔을 낼 수 있는 내 성격에 만족하며 살았으니까.

그런데, 문제는 언제부턴가 그 색깔들이 탁해지더니 갈수록 기복이 심해진다는 것이다. 좋았다 나빴다, 웃었다 울었다, 친절했다 까칠해졌다, 믿었다 못 믿었다, 칭찬했다 욕했다 하면서 여러 감정들이 내 안에서 널을 뛴다. 그러니 주변인들도 힘들겠지만 본인인 나도 진이 빠져 자꾸 가시를 만든다. 오죽하면 갱년기 시작인가, 조울증 초긴가, 심장병이라도? 하며 틈날 때마다 인터넷을 열심히 검색하겠는가.

얼마 전에는 한 시간 전에 점심식사 약속을 취소한 지인에게 갑자기 섭섭함이 물밀 듯 밀려오더니 온갖 상상으로 그녀가 나를 하찮게 여겨서라는 쪽으로 몰고 가서는 급기야 전화번호까지 지워버린 일이 있다. 다행히 곧 오해가 풀려 번호를 복원했지만 혼자 쇼를 한 것이다. 사실 여러 가지로 내가 많이 도와준 거 같은데 상대는 밥 한번 사지 않는 구두쇠의 모습을 보인다는 이유가 원인이 되어 전화번호를 삭제해버린 일도 있고, 내 편을 들어주지 않았다는 이유로 원망하는 마음이 생겨 그 사람을 나쁘게 말하고 다닌 적도 있다.

또 최근에는 연휴에 생일을 맞아 남편과 여행을 가면서 식구들 및 지인들에게 생일 안 챙겨줘도 된다고 해놓고서는 정작 누구 하나 케이크로 축하해주는 이가 없자 서운함이 스몰스몰 올라왔다. '내가 생일에 여행을 갔으니 그럴 수도 있지. 그래도 혹시 누군가 깜짝 이벤트를 해줄지도 몰라' 하며 애써 서운함을 감췄다. 그런데 일주일이 지나도록 정말 아무도 반응을 보이지 않자 결국 내 뒤틀려진 감정은 엉뚱한 곳에서 활화산처럼 터져버렸다. 가만히 있다 화산재를 맞은 사람은 이게 뭐지 당황하고 황당했을 것이다.

어쩌다 내가 점심약속 한번 취소했다고, 밥 안 산다고, 편 들어주지 않았다고, 생일 챙겨주지 않는다고 서운함을 숨기지 못하고 다가오는 소중한 인연들을 가시로 콕콕 찌르며 밀어내고 있는가? 곰곰 생각하다보니 그것은 아마도 갱년기 같은 신체적 변화도 전혀 없지는 않겠지만, 무엇보다 내 삶을 지탱하던 기도가 끊겨서일 것이다. 기도를 통한 자기 성찰이 사라진 틈을 타고 욕심과 부정적 생각들이 밀고 들어와 이전의 나와 충돌을 일으키니 마음에 불안이 생기고 그 원인을 엉뚱한 곳에서 찾으니 자꾸 남 탓하고 가시를 세우려 드는 것 아니겠는가.

이제 원인을 찾았으니 스스로 치료에 나서야겠다. 사회적 욕망을 쫓느라 분주하여 줄였던 기도의 시간을 늘리는 것이 지금으로서는 최선의 처방이 되겠다. 나와 주위를 돌아보는 기도의 시간이 늘면 자연히 마음은 선한 기운으로 채워질 것이다. 그러면 악한 기운이 틈타지 못해 내 안에 있는 많은 나들이 다시 평안을 찾을 것이고 곧 긍정적 에너지도 넘쳐나리라.

반찬 사먹는 여자들에 대한 편견

아파트 밀집 지역 주변 상가에는 반찬가게가 즐비하다. 한 건물에 하나씩은 있는 것 같다. 반찬가게는 오래 전부터 있었지만 보관이 용이한 장아찌 위주로 종류가 다양하지 않고 가격도 비싼 편이라 그리 관심을 얻지 못했었다. 그런데 점점 진화하더니 요즘에는 친정집 반찬처럼 담백하고 맛깔스러우면서 다양하고 착한 가격의 가게들이 늘어나 인기를 끌고 있다.

얼마 전까지 아무리 바쁘고 힘들어도 집에서 직접 음식을 해먹던 나도, 우연히 배달까지 해주는 착한 반찬가게를 알게 되어 식구별로 좋아하는 반찬을 몇 가지씩 사다놓아 보았다. 처음에는 못마땅한 표정을 짓던 가족 구성원들도 다양하고 깔끔한 맛과 저비용에다 친절해진 내 모습에 만족해한다. 그래서 바쁠 때나 힘들 때, 또 급할 때 애용하고 있다.

정월대보름 전날 세종시에 계시는 시부모님이 갑자기 오셨다. 서울 계모임 때문에 들르신 건데, 마침 보름날과 겹쳐 난감했다. 선약도 있었고 식구들이 모두 늦게 귀가하는 날이라 보름을 그냥 넘기려고 생각했기에 준비된 것이 아무것도 없었다. 그래서 급히 나물이라도 몇 가지 사다놓으려고 반찬가게를 찾았다가 놀랐다. 전과 나물뿐 아니라 오곡밥까지 불티나게 팔려 예약대기를 해놓아야 할 상황인 것이다.

다행히 넉넉한 인심의 반찬가게 사장님 내외분 덕분에 열 가지의 나물에다 생각지도 못한 오곡밥까지 착한 가격에 가득 공수하여 왔다. 거기에 고기와 생선을 구워 올리니 식탁이 풍성해졌다. 그날 시부모님께서는 내가 직접 한 것이 아님을 눈치 채셨으면서도 대접하려는 손길에 감동을 받으셨는지, 알뜰하게 오래도록 타던 차가 고장이 나서 폐차시키고 새 차를 구입해야 하는 우리의 사정을 아시고, 차 구입할 때 보태라며 그분들껜 거금일 금액을 며칠 후 통장으로 보내오셨다. 거의 없던 일이다.

반찬을 사서 먹는 것에 대해 거부반응을 보이는 이들이 있다. 어떻게 주부가 식구들에게 정성을 다해 직접 해서 먹여야지 게으르게 사서 먹일 수가 있냐는 주장이다. 또 그들은 사먹는 것이 비용도 많이 든다며 남의 가계까지 걱정한다. 그렇다면 그들에게 반찬 사먹는 주부들은 모두 가족애가 없는 게으르고 낭비벽 심한 이기적인 여자들이 될 것이다.

그런데, 그들의 반찬 사먹는 여자들에 대한 주장은 정말 편견이며 편협한 생각이다. 대식구나 한창 성장기에 있는 자녀를 여럿 둔 경우에는 사먹는 것보다 해먹는 것이 경제적이다. 하지만 식구가 별로 없거나 집에서 몇 끼 먹지 않는 경우에는 재료를 사다가 해먹는 것보다 사서 먹는 것이 더 경제적이다. 맛에 대해서는 이미 앞서 언급했듯이 가정집 입맛에 맞게 요리하는 검증된 가게들이 많다. 늘어나는 반찬 가게의 수와 그 인기를 보면 알 수 있다.

부잣집에서 상주하며 요리하고 청소하는 가정부를 두거나, 중상층에서 일주일에 한번 청소와 요리를 해주는 파출부를 쓰는 것은 부러워하면서, 서민층이 어쩌다 사다먹는 반찬에는 왜 그리 인색하고 민감한 부정적 반응을 보이는지 모르겠다. 어찌 보면 서민층 주부들이 더 바쁘다. 온갖 집안일과 자녀 양육, 거기에 요즘은 거의 맞벌이를 하지 않는가.

수입의 많고 적음을 떠나 일하는 여성의 수는 늘어나는데 그에 비례하여 도와주는 남성의 비율은 높아지지 않으니 여성들도 자기 살 궁리를 해야 하지 않을까. 그때 마침 1~2인 가구와 일하는 주부들의 증가로 수요를 예측하고 공급해주는 괜찮은 반찬가게들이 즐비하게 있으니 얼마나 감사한 일인가. 필요할 때 언제든지 손 내밀 수 있는 친정엄마 같은 존재가 여기저기 있다는 것이 나로서는 무척 반갑고 감사하다. 만약 반찬 사먹는 것이 꺼림칙하다면 외식들도 하지 말아야 할 것이다.

우리는 걱정이 되어

"아침에 선생님이 물었습니다. 낯선 사람이 너희에게 과자 사 준다고 따라오라면 어떻게 할래? 모두가 안 따라가겠다 하는데 수정이는 따라간다 합니다. 과자 먹고 싶어 따라간다 합니다. 수정아 따라가면 집에 못 온다. 엄마 아빠 못 본다. 따라가면 안 된다고 선생님과 우리들이 아무리 말려도 그래도 간다. 그래도 간다. 가겠다고 울면서 수정이는 말합니다. 악을 써 가며 말합니다. 우리는 걱정이 되어 정말 걱정이 되어 공부가 끝난 뒤 줄을 지어 집에 갔습니다. 수정이 앞세워 함께 갔습니다." (오승강의 시 '걱정')

요즘 아이들에게 하는 교육 중에 꼭 해야 하지만 하면서도 찜찜한 것이 낯선 사람 따라가지 않기다. 그런데 어디 낯선 사람뿐이랴, 아는 사람의 범죄율이 더 높다하니 아무도 따라가지 말라고 해야 한다. 아무도! 이 얼마나 끔찍한 현실인가. 거기에 왜 따라가지 말아야 하는지를 설명하는 것은 더 고통이다. 아직 아무 것도 모르는 천진난만한 천사들에게 할 수만 있다면 평생 몰라도 되는 것부터 가르쳐야 하는 현실이 슬프다.

아동 유괴 사건이 방심할 만하면 한 번씩 터져 나온다. 얼마 전에도 열여섯 살의 소녀가 동네 꼬마를 자신의 집으로 유인하여 끔찍한 살인을 벌이고 사체를 훼손해 유기한 사실이 보도돼 사람들을 경악케 했다. 이런 사건이 터질 때마다 사람들은 이웃조차 의심하고 문을 굳게 닫는다. 마음의 벽을 친다. 삭막한 사회가 점점 더 삭막해진다.

위험에 노출된 것이 비단 아이들뿐이겠는가! 어른들도 마찬가지다. 위험에 대응할 줄 아는 멀쩡한 어른들도 끔찍한 일을 겪는다. 모르는 사람에게서도 잘 아는 사람에게서도 언제 어디에서든 위험은 도사리고 있다. 그래서 현대인들은 늘 불안감을 안고 산다. 지난해 강남역에서 발생한 여성혐오주의자의 묻지마 살인 사건 이후 공공장소 역시 안전하지 않다.

동물의 세계에서처럼 무리에서 이탈한 것들이나 대응 능력이 떨어지는 어린 것들만 사나운 맹수에게서 당한다면야 무리에서 벗어나지 못하도록 함께 무리지어 다니며 보호하면 어느 정도 방책이 될 것이다. 하지만 무리 속에 숨어 있다가 나타나는 악마는 무슨 수로 막을 수 있겠는가! 속수무책으로 당할 수밖에 없다.

우리나라 살인사건 발생률이 세계 6위라고 한다. 성폭력 사건은 13위, 아동·청소년 성범죄 발생은 신고된 것만 하루 평균 8.3건에 달한다니 보통 일이 아니다. 왜 이런 끔찍한 범죄가 끊이지 않을까? 그것은 분노조절장애, 사이코패스, 성폭력범 등 정신질환 범죄자 수가 계속 늘어나고 있기 때문이다. 대검찰청의 범죄분석 보고서에 따르면 정신질환자가 저지른 범죄가 2006년 4889건에서 2015년 7016건으로 지난 10년 간 43%가 늘었다.

정신질환자들이 왜 자꾸 증가할까? 지나친 경쟁사회에서 답을 찾을 수 있겠다. 경쟁에 내몰리다 보면 사회적 낙오자가 자꾸 생겨나게 되고 예민한 이들은 주변의 자극에 피해

의식이나 불만을 가질 수밖에 없다. 불만과 피해의식이 쌓이면 자연히 정신적으로 문제가 발생하지 않겠는가. 결국은 사회가 정신질환자들을 자꾸 만들어내고 있는 것이다. 그러니 지나친 경쟁을 줄여 각자 만족스런 삶을 살 수 있도록 환경을 바꾸는 일이 우선되어야 한다. 그리고 질환을 앓고 있는 환자들은 병이 재발하지 않도록 지속적인 사회적 관리가 필요하다. 범죄자에 대한 처벌 또한 솜방망이에서 쇠방망이로 좀 더 무겁게 할 필요가 있다.

앞의 시 '걱정'은 순진하다 못해 눈치가 없어도 너무 없어 답답한 친구 수정이가 걱정이 되어 정말 걱정이 되어 아이들이 수정이를 앞세우고 줄지어 함께 하교하는 모습을 그리고 있다. 자신들보다 크고 힘센 어른들의 도움이 아니라 고만고만한 어린아이들끼리 서로를 챙기는 모습이 뭉클하고 안타깝지 않은가?

성호에게 길을 묻다

성호사상에 관심 있는 문학인 몇 분과 성호기념관을 찾았다. 아이들이 어릴 때 서너 번 방문하고 몇 년 만에 찾은 기념관은 깔끔하고 세련되어졌다. 알고 보니 2015년에 새 단장을 했다. 1시간 여 동안 전문 해설사의 귀에 쏙쏙 들어오는 생생한 해설을 들으며 한 바퀴를 돌아보니 마치 18세기 속으로 들어갔다 나온 느낌이었다.

성호 이익(1681~1763) 선생은 조선후기 실학자로 중농주의 개혁사상가다. 한국지성사의 정수로 손꼽히는 위대한 사상가다. 이런 위대한 사상가가 우리 안산에서 직접 농사를 짓고 살며 학문을 연구하여 '성호사설'을 비롯하여 100여 권의 책을 펴냈다는 것이 자랑스럽다. 거기에 이름만 대면 알 만한 학자, 예술가들과 교류하고 후학을 양성했으니 과히 중국의 공자, 맹자와 겨룰만하다. 18세기 안산은 조선의 문예부흥을 이끌어간 학문과 예술의 고장이었던 것이다.

성호 이익을 계승한 성호학파는 정치적으로 정조 임금의 측근으로 활약했는데 채제공, 이가환, 이기양, 정약용이 있다. 학문적으로 성호의 주체적인 역사인식이 안정복의 <동사강목>으로 결실을 맺고 민족의식의 토대가 되어 곽종석, 정인보 등에 의해 독립운동으로 계승됐다. 한편으로 서학을 수용할 수 있는 사상적 기틀을 마련하기도 했다. 또한 '도산서원도'를 그려 성호에게 선물한 절친한 친구 강세황은 단원 김홍도의 스승이다.

"만 백성이 모두 다 나의 백성이요, 저 오랑캐들도 모두 나의 오랑캐이다. 금수와 초목도 모두 나의 금수요, 나의 초목인 것이다. 비록 저들과 내가 서로 모습은 다르다 할지라도 저 모두를 휩싸 안고 사랑하고 아끼는 마음이 한없는 것이 내 몸 대하는 것과 같다."('성호사설- 만물비아' 중에서)

성호 이익이 지닌 따뜻한 인간애와 함께 우주만물을 내 몸과 같이 아끼는 만물애(萬物愛) 정신은 오늘날 우리가 잊고 있던 가치를 환기시키고 큰 울림을 준다.

'할계전', '우계전', '관물편' 등을 보면 동물들의 우애를 통해 사람들에게 귀감을 줌과 함께 인간만이 뛰어나다는 인간중심의 편견을 극복하려는 사상이 보인다. '반숙가(半熟歌)'

나 '삼두회(三豆會)'를 통해 백성들의 고혈을 짜내 제 욕심만 채우는 부귀한 자들을 비판하고 백성들을 아끼고 사랑하는 마음을 몸소 실천했음을 또한 알 수 있다.

성호 이익의 사회개혁 사상은 비판에 그치지 않고 대안을 제시한다. 균전제를 중심으로 한 토지제도, 능력 중심의 인재채용을 위한 과거제도의 정비, 노비제도 타파를 위한 방안, 병농일치를 통한 향병제의 확립, 사대부들도 농사를 지어야한다는 사농합일 등이 그 예다.

이렇듯 성호 선생의 사상과 업적은 대단하다. 그래서 대단히 평온하고 평탄한 삶을 살았을 것으로 보인다. 하지만 그의 일대기를 살펴보면 어린 시절부터 녹록치 않은 삶을 살았다. 당파 싸움의 희생양으로 아버지와 형을 잃었고 본인도 벼슬길이 막혔다. 그래서 안산에 칩거하며 평생 학문을 쌓게 되었고 불쌍한 백성들을 돌아보다 경세안민의 사상을 확립하였다. 그의 삶은 드라마틱하면서도 교훈적이고 감동적이다. 앞으로 성호 이익 선생의 일대기가 다양한 글쓰기의 모티브가 되고 영화와 드라마로도 재현되길 바란다.

이번 성호기념관 방문은 필자를 비롯하여 함께 한 문학인들의 삶에 큰 영향을 미칠 것이다. 현대 사회의 복잡한 구조 속에서 방황하는 우리들에게 길을 제시하는 참 스승을 만남으로, 그의 사상을 연구하고 알리는 일에 매진하게 할 충분한 계기가 되기 때문이다. 안산에 이렇게 훌륭한 분이 계셨다는 것은 안산 시민들에게 큰 영광이며 그를 알리는 일에 앞장서는 것은 어찌 보면 마땅한 일이다.

마음만은 청춘이다

SBS 편성표 중에 화요일 밤에 하는 '불타는 청춘'(이하 불청)이라는 프로그램이 있다. 몸은 비록 중년이지만 마음만은 여전히 청년인 싱글 남녀 연예인들이 모여 여행을 통해 서로를 알아가며 친구를 맺고 불타는 청춘(?)의 모습을 언뜻언뜻 보여준다. 김국진과 강수지가 불청을 통해 핑크빛 기류를 보이자 시청자들이 적극적으로 밀어주면서 실제 연인으로 발전해 화제였다. 중년의 조심스런 사랑도 청춘의 뜨거운 사랑 못지않게 참 예쁘다는 생각을 갖게 한다.

매회 새로운 추억 속 스타들이나 잘 몰랐던 중견 연예인들이 출연하여 진솔한 모습을 보인다. 그 속에서 숨겨놓았던 인간미, 끼, 매력 등이 발산 되어 다시금 그들에 대해 생각하게 된다. 베일 속에 가려진 채 만들어진 한두 가지 딱딱한 이미지에서 벗어나 친근감과 인간미 같은 부드러운 여러 긍정적 이미지를 얻을 수 있으니 출연자와 시청자 모두 즐겁고 행복한 일이다. 특히 김광규와 김완선에 대해서는 불청을 보기 전보다 좋은 느낌이 배가 되었다.

몇 주 전부터는 팔구십년 대 스타였던 가수 양수경이 출연해 흥미롭게 보고 있다. 사실 양수경의 출연은 신선한 충격이다. 한창 잘나가던 젊은 미모의 여가수는 결혼 소식을 전하며 바람과 함께 사라졌고 그 후 전혀 활동하지 않았다. 거기에 전해지는 소식도 별로 없다보니 추억 저 편으로 넘어가 거의 잊혀졌다. 그런데 몇 십 년 만에 갑자기 불청에 나타났으니 놀랍지 않을 수 없다. 왜 나왔을까 궁금함이 커져 그녀의 행동 하나 말 한마디에 주목하여 본다.

불청을 통해 양수경의 시련, 아픔을 이겨내려는 노력, 방송출연의 용기가 전해져 마음으로 뜨거운 응원을 보낸다. 그리고 그녀의 노래들과 함께 그 시절의 추억도 하나둘 떠오르며 다시금 피를 끓게 한다. 우리에게도 뜨겁던 청년 시절이 있었지? 이제 중년이라는 틀 속에 갇혀 너무 미지근하게 살고 있지는 않나 돌아본다. 요즘 그녀의 노래를 날마다 흥얼거리다보니 마음은 이미 청춘으로 되돌아갔다.

올해 음악대학 작곡과에 입학해 서울까지 힘든 등하교를 하면서도 주말 아르바이트에 밴드 활동까지 하느라 고등학교 때보다도 더 밤낮없이 분주한 삶을 사는 딸을 보면 신기하다. 몸이 약해 지칠 만도 한데 본인이 하고 싶어 하는 일이라서인지 견뎌내는 모습이 기특하다. 딸을 보며 나를 돌아본다. 기울어진 가세로 주경야독하며 힘들게 시작하여 하나 둘 키워온 꿈들이 모이고 모여 지금의 나를 만들었다. 일단 그동안 수고한 나에게 칭찬을 해주고 요즘 들어 귀차니즘으로 모든 일에 시큰둥한 나를 채찍질해본다.

불타는 청춘의 출연자들은 모두 중년이다. 그래서 처음에는 출연자들이 점잖지 못하게 애들처럼 방방거리는 것이 조금 거북했다. 하지만 볼수록 그들의 매력에 빠져들어 점점 그 속에 동화되면서 내 마음에도 불이 붙는다. 마음만은 청춘이다. 아마도 불청을 보는 시청자들 모두가 같은 마음일 것이다. 그런 면에서 불청은 중년들의 정신건강을 위해 참 잘 만들어낸 성공한 프로그램이다.

마음이 젊으면 몸도 젊게 보인다. 젊은 마음은 용기를 내어 하고 싶은 일을 즐기며 행복하게 살게 하니 비록 주름은 있을지언정 밝고 맑은 표정을 만든다. 밝은 표정은 보는 사람을 기분 좋게 한다. 김광규를 비롯한 불청의 출연진 모두 순진난만하게 보이는 이유가 거기에 있지 싶다.

오늘도 딸의 샬랄라 원피스를 몰래 입고 외출한다. 이미 마음은 청춘이기에 몸도 자꾸만 그쪽으로 가려한다. 주책일까 잠시 망설여보지만 이내 스스로 괜찮다고 위로하며 용기를 낸다. 불청을 통해, 젊은이들을 통해, 봄기운을 통해 이미 우리의 몸과 마음엔 꽃이 피기 시작했다.

4장

그 여름

선물

여름방학을 맞아 친구들과 여행을 떠난 딸의 방을, 이런저런 바쁜 일들로 다음날에야 들여다보았다. 책상과 전자건반 위에서 춤추고 있는 악보들, 사방에 흐트러져 있는 옷가지들…. 평소에도 비슷한 풍경이지만 조금 더 심각하다. 기말시험과 발표회를 치르느라 연일 편하게 잠 한숨 제대로 못 자더니 여행에 임박하여 급하게 짐을 챙겨 떠난 모양이다.

작사와 작곡을 전공하는 딸은 글 쓰는 엄마보다 더 바쁘다. 한 달 전쯤에는 밤샘작업을 하고나서 식사도 거른 채 아르바이트를 갔다가 그곳에서 쓰러지는 바람에 응급실로 실려 간 일이 있다. 어릴 때부터 몸이 약해 병원 단골이긴 했지만 점차 건강해져 한시름 놓고 있었는데 생각지 못한 응급호출에 많이 놀랐다. 그런데도 자기 좋아서 하는 일이라 불평 한마디 없다.

아무리 생각해도 신기하다. 음악에 재능이 있다고 여기지 않았던 아이가 고1 겨울방학에 갑자기 음악을 하겠다고 선언했다. 당연히 반대했다. 딸은 고집을 부렸다. 남편과 나 또한 절대 안 된다고 막았다. 한참을 실랑이 했다. 그러나 음악을 해야만 행복하겠다는 딸아이에게 결국 백기를 들었다. 그리고 지금의 안정을 찾기까지 쉽지 않은 길을 극복하여 왔다. 딸아이의 피아노 건반을 만지작거리다보니 지난 일이 주마등처럼 거슬러 올라간다. 그러다 2002년 11월의 어느 날에 머문다.

바쁜 아침 계속해서 울려대는 전화를 받고 보니 친정아버지다. "오후 서너 시경 너희 집에 갈 거니까 집에 꼭 있어라." 거리도 멀거니와 딸은 출가외인이라 여겨 평소 딸네 집에 거의 오지 않던 칠순의 아버지가 먼저 오겠다고 연락을 주시니 반가우면서도 무슨 일일까 궁금했다. 아버지는 혼자 오시지 않았다. 시커먼 피아노를, 운반하는 분들과 함께 실어와 승강기도 없는 빌라 3층까지 올리고 계셨다. 놀라서 쳐다보는 나에게 "그러고 섰지 말고 얼른 피아노 놀 자리 좀 만들어라" 하신다. 외손녀가 피아노학원에 다닌다는 소식에 사왔다며 열심히 연습 시켜 음악가를 만들라고 너스레도 떠신다. "너도 시간 날 때 연습하고 그래라. 애 배울 때 같이 하면 일거양득이지." 하마터면 눈물을 보일 뻔했다.

음악에 재능을 보이던 막내딸이 그토록 배우고 싶다고 조르던 피아노를 경제적 무능함으로 포기하게 했던 일과 그로 인해 반항, 원망, 다그침 등으로 서로에게 상처를 만들었던 일들이 가슴 깊이 남아 있으셨나보다. 그러다가 다섯 살 어린 외손녀의 소식을 듣고 당장 피아노를 사서 달려오신 것이다. 딸에게 못해준 것을 손녀에게 선물함으로서 조금이라도 위안을 삼고 싶으셨으리라. 다행히 다섯 살 어린 딸은 피아노를 좋아해 열심이었다. 그래서 내심 피아니스트 탄생을 기대했다. 하지만 언제부턴가 흥미를 잃더니 진도가 늘지 않아 체르니도 겨우 끝냈다. 또, 숫기가 없어 사람들 앞에 서면 쭈뼛거리는 통에 담력이라도 키워줄 요량으로 합창단에도 가입시켰다. 하지만 그다지 열심히 하지 않고 실력도 늘지 않아 결국 음악에는 재능이 없는 아이로 단정지어버렸다.

그렇게 초등학교 이후 음악과는 담을 쌓았던 딸애가 고1 겨울방학 때 갑자기 작곡을 하겠다고 하니 얼마나 놀랐겠는가. 재능이 있어도 힘든 세상에 겁도 없이 뒤늦게 덤비는 모습이 한참 철없어보였다. 하지만 음악을 해야만 행복하겠다는 데야 막을 방법이 없었다. 지금 생각하면 잘한 결정이다. 어린 외손녀에게 선물한 외할아버지의 피아노가 한동안 무의미했었는데 결국 음악가의 길로 이끄는 축복의 마중물이었던 것이다.

부모는 자식의 행복을 위해서라면 뭐든 해주고 싶다. 그러니 형편이 안 되어 자식이 원하는 것을 해주지 못하는 부모의 마음은 얼마나 쓰리고 아플까. 자식일 때는 몰랐다. 부모가 되고 보니 조금씩 헤아려진다. 헉헉거리는 여든여섯 노고의 아버지는 아직까지도 지천명을 넘긴 막내딸을 만나면 모아둔 쌈짓돈이라도 쥐어주고 싶어 하신다.

글을 쓰는 중에 여행간 딸로부터 선물을 뭐로 사갈까 묻는 톡이 왔다. 저렴한 현지 거리표 액세서리를 사다달라고 부탁하고 보니, 갑자기 바쁘다는 핑계로 잘 찾아뵙지 못했던 노쇠한 아버지를 찾아뵈어야겠다는 생각에 마음이 급해진다.

스캔들

선거를 코앞에 두고 이곳저곳에서 시끄러운 가운데 매스컴을 가장 뜨겁게 달구고 있는 화제로 이재명 경기도지사 후보와 영화배우 김부선 씨의 스캔들 진실공방을 빼놓을 수 없다. 공지영 작가가 김부선 씨 손을 잡고 이재명 후보를 힐난하면서 더욱 논란이 거세지고 있다.

"저 여자들은 왜 또 그러는데?" 평소 조용하던 남편이 뉴스를 보면서 한마디 한다. 인터넷 기사 댓글이나 주변의 반응도 대체적으로 남편과 별반 다르지 않다. 필자 역시도 이건 좀 아닌 거 같은데 하는 생각이 든 것을 보면, 아마도 발표 시기가 불순(?)하게 여겨져서일 것이다.

하지만 그녀들이 시기적으로 혹 불순했다손 치더라도 그것을 비난하는 이들의 이유에서 그보다 더한 불순함이 느껴져 오히려 김부선, 공지영의 이야기에 귀 기울이게 된다. 그녀들의 미혼모 전력이라든가 몇 번의 이혼 전력이 어떤 억울함과 부당함을 주장하는 사안에 부정적 영향을 미친다면 그것은 공평하지 않기 때문이다.

이재명과 김부선의 스캔들은 어제오늘 나온 이야기가 아니다. 이미 2010년경부터 다소 거칠지만 솔직하기로 소문난 김부선이 매스컴을 통해 몇 번이나 알렸던 사실이다. 실명을 밝힌 것은 아니었지만 그때마다 이슈가 되었고 퍼즐조각 맞추기를 통해 이재명으로 지목되었다. 그러나 이 후보 측은 적극 부인했다. 이에 김부선은 그를 거짓말쟁이에 사기꾼이라 칭했다.

2006년 만난 피부 고운 성남의 동갑내기 총각 변호사. 그의 적극적인 구애로 사귀게 되었는데 알고 보니 유부남이었다. 이후 헤어지는 과정에서 그로부터 모욕적인 언사와 협박을 받았다. 그래서 그가 증오스럽고 승승장구하는 것이 불편하다. 웬만큼 연예가소식에 관심이 있는 이들이라면 다 알고 있는 사실이다.

여기서 궁금하거나 중요한 것은 두 사람의 개인적인 연애사가 아니다. 결국 두 사람의 짧은 연애는 엄연히 한쪽에 가정이 존재함으로 불륜이다. 김부선 딸의 말처럼 주홍글씨와도 같은 것이라 떠벌일 일이 아니다. 그럼에도 김부선은 자신을 망가뜨리면서까지 적극 드러내고 있다. 그래서 그 이유가 궁금하다. 도대체 그녀는 왜?

몇 달 전 미투운동이 한창일 때 전 충남도지사 공보비서의 성폭행 폭로사건으로 국민들이 큰 충격을 받은 바 있다. 이 사건으로 인해 한 때 유력한 차기대권주자로 인기상한가를 누리던 안희정 전 지사는 처참하게 몰락했다. 이에 그를 옹호하는 이들은 소셜네트워크를 비롯하여 많은 곳에서 비서 김 씨의 이혼 전력을 내세워 꽃뱀 취급하며 2차 피해를 입히는 언사를 서슴지 않았다. 안 전 지사의 억울함이 공감되기는 하나 그렇다고 사건과 무관한 피해자의 약점을 들추어 매도하는 일은 옳지 않다.

안 전 지사는 사건이 터지자 바로 시인하고 스스로 모든 공직에서 물러나 적극적으로 수사에 임하고 있다. 사건의 진위를 떠나 행동에 책임지는 그의 태도는 높이 평가할 만하다. 반면, 이재명 후보는 계속적으로 무시, 부인하며 경기도지사 선거에만 총력을 기울이고 있다.

물론 사안이 다르다. 전자는 공적인 관계이며 위력에 의한 성폭행에 초점이 맞춰졌고 후자는 사적인 관계이며 쌍방도 아닌 일방의 불륜 주장으로 아직 어떤 결론도 낼 수 없다는 점이 다르다. 하지만 그렇다고 해도 문제를 제기하는 여성들의 지친 환경을 폄하하는 자극적 발언은 자제해야 하겠다.

왜 그토록 그녀들은 분노하는가? 한 때는 사랑했던 연인, 존경했던 상사에게 칼을 들이댈 만큼 그녀들을 분노하게 한 것이 무엇인지를 알아야 일이 해결된다. 핵심은 '거짓'에 있다. 말이든 행동이든 거짓에는 진심이 담겨있지 않다. 특히 상대가 느끼는 기분 따위는 상관하지 않고 자신만을 위한 거짓 행동과 말을 일삼는다면 상대는 심한 배신감으로 분노하게 된다.

진심으로 상대를 대했다면 어땠을까? 아마도 어떤 협박이나 불이익이 와도 그를 지켜주려 노력하지 않았을까. 그러면서 절절한 사랑과 희생의 환희를 느끼지 않았을까. 그렇게 되도록 그들이 노력했어야 한다. 그러지 못했기에 중요한 시기마다 스캔들로 시끄러운 것이다.

조사 하나 바꿨을 뿐인데

듣기-말하기-읽기-쓰기. 언어를 습득해서 표현해가는 기본 과정이다. 우리의 유년시절을 더듬어보면 고개가 끄덕여질 것이다. 듣기가 우선이 되면 말하기는 자연스럽게 이루어지고, 읽기가 되어야 쓰기도 가능해진다. 누구나 아는 상식이다. 그런데 갈수록 듣기는 뒷전으로 밀리고 말하기가 대세를 이루고 있으니 걱정이다.

필자는 독서, 토론, 논술, 글쓰기 강사로 도서관과 학교 등 안산에서만 십여 년 넘게 천여 명이 넘는 수강생을 지도해 왔다. 그래서 요즘에는 말 못하는 이들이 별로 없다는 것을 몸으로 체험하여 안다. 표현의 자유라는 입장에서 보면 긍정적인 일이나 종종 수업을 진행할 수 없을 정도로 방종이 될 때가 있어, 남의 말 잘 듣기를 우선으로 강조한다.

남의 말 잘 듣기를 연습하기에 토론만한 것이 없다. 토론은 상대의 입론을 잘 들어야 반론을 할 수 있고, 반론을 잘 들어야 재반론도 가능하기 때문이다. 또한 토론은 듣기와 말하기뿐 아니라 좋은 표정과 자세에도 영향을 끼친다. 상대의 반론에 흥분하여 표정이나 자세가 흐트러지면 안 된다. 어떤 반론에도 의연하게 대처해야 상대를 설득시킬 확률이 높아진다.

서로 다른 의견을 가진 사람들이 객관적이고 논리적인 토론을 통해 서로 얼굴 붉히지 않고 자신의 의견 쪽으로 상대방이나 보통 사람들의 마음을 이끌어내는 것, 이것이 토론의 진정한 의미이고 토론자의 보람이 될 것이다. 일상의 대화에도 적용하면 좋겠다.

보통 자신의 말만 하는 사람, 자신의 의견만 고집하는 사람과는 대면하기 꺼려한다. 한 사람이 열 사람에게 같은 말을 해도, 본인의 경험이나 사고에 접목하여 듣거나 듣고 싶은 말만 듣거나 아는 만큼만 듣거나 하여 받아들이는 것이 제각각이다. 그것만으로도 오해가 생길 수 있는데, 아예 남의 말을 듣지 않고 자기고집만 피운다면 결국엔 독재자, 벽창호 같은 미운 사람이 될 수밖에 없다.

그러니 우선 남의 말을 잘 듣자. 그 다음 차분히 받아들일 것은 받아들이고 반론할 것은 반론하고 절충할 것은 절충하자. 대화는 일방적이 아닌 서로 주고받을 때 이루어진다.

'거언미래언미' 가는 말이 고와야 오는 말이 곱다는 우리나라 속담이 있다. 남의 말을 잘 듣는 것만큼 내가 하는 말도 잘해야 한다. 기껏 잘 들어놓고 함부로 말을 하거나 엉뚱한 이야기를 한다면 말짱 도루묵이다. 가려서 말하기. 논점과 요점에서 벗어나 말하지 않기 등 말도 훈련이 필요하다.

어떤 경우는 사용하는 조사 하나만으로도 호감과 비호감으로 갈릴 수 있다. "그림(을/은/만/도) 잘 그리네." 분명 칭찬하는 말 같은데 조사에 따라 기분을 좋게도 하고 무척 거슬리게도 한다. 아 다르고 어 다르다고 하지 않는가. 호감형의 사람들을 보면 이런 언어를 적절히 잘 사용하여 상대를 지적하는 말도 기분 나쁘지 않게 한다. "공부(를/는/만/도)

못 하는군." 어떠한가? 칭찬할 때는 '을/도'를, 지적할 때는 '는/만'을 사용하면 보다 효과적임을 알 수 있다.

유재석이 국민MC로 흔들림 없이 1인자의 자리를 계속 지키고 있는 것은 잘 듣고 잘 말하고 거기에 친절과 유머까지 갖추었기 때문이다. '1가구 1에릭남 보급시급'이라는 말이 한창 유행했던 에릭남이라는 남자가수도 마찬가지다. 유식함, 친절함, 겸손함, 편안함을 고루 갖추고 있다. 이 두 사람이 공통으로 가지고 있는 잘 듣고 잘 말하기는 상대에 대한 배려의 시작이다. 그 배려가 상대를 감동시키고 제3자까지 감동시킬 수 있다.

대화가 단절 되면 관계 또한 단절된다. 관계의 단절은 많은 불편함을 낳는다. 그러니 서로가 다른 생각을 가지고 있음을 인정하면서 천천히 상대의 얘기를 듣고 마음을 읽으며 내 얘기도 들려주고 마음도 보여주는 노력을 해야 하겠다. 노력하다보면 서로 다른 생각의 폭이 조금씩 좁혀갈 것이다. 그것이 좋은 관계를 형성해가는 일임을 우리는 이미 알고 있다. 다만 성가시고 귀찮아서 실행하지 않을 뿐이다.

이제라도 귀차니즘에서 벗어나 유재석, 에릭남 정도까지는 힘들겠지만 사랑주고 사랑받는 훈훈한 사람이 되도록 노력하면 모두가 행복하지 않겠는가. 서로 마음을 나누는 친절한 대화의 실행이 필요한 이유다.

군함도와 덩케르크

매년 여름 휴가철이 되면 극장가에 꼭 올라오는 영화들이 있다. 찜통더위를 잊게 해줄 만큼 오싹하고 섬뜩한 공포물과 전쟁물인데 올해도 변함없다. 그 중 공포물을 극도로 싫어하는 개인 취향으로 <군함도>와 <덩케르크> 두 편의 전쟁영화를 선택하여 보았다. 두 편 모두 몇몇 논란거리를 가지고 있지만 감독의 명성만큼이나 대체로 잘 만들어졌다는 평이다. 그만 하면 작품성과 흥행성 두 마리 토끼를 다 잡았다고 볼 수 있다.

<군함도>는 일제강점기에 저마다 다른 이유로 일본의 지옥섬인 군함도에 끌려와 강제로 노동을 착취당하던 조선인들이 일본의 증거인멸로 몰살당할 위기에서 스스로 목숨을 건 탈출을 감행하는 아픈 이야기를 다루고 있다. <덩케르크

>는 독일군의 파죽지세로 덩케르크 해안가에 포위된 연합군 40만 명이 몰살당할 위기에서 민간 선박들의 도움을 받아 극적으로 구출되는 하루 동안의 과정을 감동적으로 그리고 있다.

살아남는 게 이기는 것! 군함도는 조선의 민간인 소수를, 덩케르크는 연합군 40만 명을 대상으로 한 스케일이 다른 영화다. 하지만 살아남음으로 세계 2차 대전을 일으켜 세계를 발칵 뒤집어놓은 전쟁광인 일본과 독일의 만행을 증언하여 심판하는데 한 몫을 했다는 공통점을 가지고 있다. 다시는 이런 전쟁에 미친 지도자들로 인해 선량한 민간의 무모한 희생이 일어나지 않기를 바란다.

두 영화를 보고 나서 규모가 크든 작든 지도자의 인성과 역할이 그 구성원들의 삶에 어떤 영향을 미치는지를 절실히 느꼈다. 덩케르크에 나오는 볼튼 사령관은 자신의 영국군 부하들을 살리기 위해 민간의 선주들에게 도움을 요청하여 탈출을 돕는다. 그는 사령관의 위치에 있으니 얼마든지 빠져나갈 수 있음에도 불구하고 프랑스군의 탈출을 마저 돕겠다며 덩케르크에 남는다. 그 모습은 감동이었다. 그의 이타적인 행동은 40만 명의 생명을 살려 결국 전쟁을 승리로 이끌었다.

반면, 군함도에 나오는 조선인 지도자 윤학철은 독립운동가로 조선인들에게 존경과 신뢰를 받아 구출 1호 대상자다. 하지만 그의 실체는 자신의 안일을 위해 일본과 결탁하여 조선인들을 돕는 척하며 오히려 그들을 죽음으로 내몰아 이득을 취한다. 일본의 군함도 증거인멸을 돕기 위해 자신을 그토록 따르는 조선인들을 속여 몰살시키려 하는 부분에서는 치를 떨게 했다. 그의 이기적인 행동이 무모한 생명들을 앗아갔다.

주인공도 아닌 조연이지만 한 집단의 지도자가 그 구성원의 삶에 막대한 영향을 미칠 수 있다는 점을 영화를 통해 볼 때, 현실에서도 어떤 사람을 지도자로 뽑는가에 우리가 좀 더 민감해져야 할 필요가 있다. 내면의 인성과 인격이 갖추어지지 않은 사람이 지도자가 되면 큰일이다. 가면을 쓰고 구성원들을 위하는 척하면서 자신의 사리사욕만을 챙기는 지도자는 우리를 죽게 할 것이다. 경험을 통해 알지 않는가? 그러니 그런 사람을 가려낼 안목이 우리에게 필요하다.

2018년 6월에는 지방선거가 있다. 제대로 된 지도자를 뽑아야만 우리가 산다. 그러니 지금부터 관심을 가지고 선거에 나오는 인사들의 면면을 살펴보자. 지역 언론도 조작된 내용이 아닌 제대로 된 내용으로 시민들의 알 권리를 충족해주길 바란다. 잘 만들어진 영화 두 편을 통해 안목이 커지고 넓어지는 거 같아 무더운 여름도 견딜만하다.

덕혜옹주

휴가를 맞아 세종시 시부모님 댁을 찾은 날은 오후시간이라 어디를 가기도 애매하고 덥기도 무척 더워 첫 피서지로 영화관을 택했다. 우리가 선택한 영화는 남녀노소 누구나 함께 볼 수 있는 시대극 "덕혜옹주"였다. 시원하다 못해 추운 영화관에서 2시간여 동안 대한제국의 마지막 왕녀의 기구한 삶과 역사에 몰입하다보니 몸뿐 아니라 마음까지 시려왔다.

시대를 읽지 못한 쇄국정책으로 미개했던 이웃 섬나라에 반만년 역사를 빼앗겨 왕과 왕비는 살해당하고, 왕자와 옹주는 유학이라는 미명하에 일본으로 끌려간다. 왕가의 삶도 그러하니 백성들은 오죽 했겠는가. 징용으로 정신대로 소돼지처럼 마구 끌려가도 항의 한마디 할 수 없던 비참한 시절. 그러니 광복을 맞기까지 반 세월을 악으로라도 버텨준 선조들에게 경의를 표하지 않을 수 없다.

덕혜옹주에게는 광복도 허락되지 않았다. 일제강점기에는 일본 정권에 의해, 독립 후에는 왕권의 부활을 걱정한 이승만 정권에 의해 그녀는 고국으로 돌아오지 못했다. 개인의 영달에 눈이 멀어 양심의 가책 하나 없이 나라를 팔았던 매국노, 친일파들도 고국으로 돌아와 떵떵거리며 잘 사는데, 정치적 희생양인 덕혜옹주나 독립투사들은 오히려 힘들고 피폐한 삶을 살았다니 이 얼마나 억울한 일인가.

영화 <덕혜옹주>를 보는 내내 침략자 일본군들보다도 매국노의 총집합체 캐릭터인 한택수가 정말로 더 미웠다. 이런 눈엣 가시인 사람들이 종종 있다. 자신의 이익을 위해서는 말도 쉽게 바꾸고 의리도 없고 양심은 팔아버린 듯 행동하는 기회주의자들. 이들은 얄밉게도 어디에서든 잘 살아낸다. 그래서 보통의 사람들까지 갈등하게 만든다. 그냥 저들처럼 편히 살아? 양심이 밥 먹여 주냐? 인생 뭐 있어?

하지만 다행히도 정의를 위해서라면 힘든 삶이나 역경조

차 마다하지 않는 살아있는 양심들이 있어 위안을 삼는다. 이곳저곳에서 독립을 위해 애쓴 이들의 삶이 그렇다. 그들의 희생으로 그나마 나라를 다시 되찾을 시기를 앞당길 수 있었으니 거듭 감사하다. 강대국의 이익에 의해 다시 남북으로 갈라진 슬픈 현실이 존재하지만 말이다.

나라를 되찾은 지 이제 겨우 70년. 그 사이 참으로 많은 일이 있었고 급속도로 발전도 하였다. 하지만 반쪽짜리다. 그래서 앞으로가 더욱 중요하다. 세계 단 하나뿐인 남북분단의 아픔을 가지고 있는 우리나라 대한민국에겐 남북통일의 큰 과제가 남았다. 북한 국민들의 아픔을 외면한 채 우리끼리만 잘 먹고 잘 살 것인가를 깊이 고민하며 해결점을 찾아 노력해야 할 것이다.

덕혜옹주 이야기가 최근 들어 책, 연극, 뮤지컬, 영화 등으로 자꾸만 반복하여 나오는 것을 보니 잊혀져가는 구한말 시기를 타산지석 삼아 또다시 같은 잘못을 반복하지 않도록 정신 바짝 차리고 살라는 의미인 것 같다. 덕혜옹주 같은 기구한 운명의 여인이 다시 나오지 않도록, 정신대로 끌려가고 징용·징병으로 잡혀가 수모와 고통을 당하는 우리의 젊은이들이 다시 나오지 않도록, 오늘의 우리 정치인들은 집안싸움은 이제 그만하고 세계정세를 잘 살펴 국력을 키우고 내부의 좀비인 기회주의자들을 걸러내는 안목이 필요하다.

한여름 시부모님을 모시고 피서차 간 영화관에서 본 결코 가볍지 않은 한 편의 영화로, 112년 만에 최고라는 찜통더위도 잊은 채 역사 읽기에 매진중이다. 역사를 바로 알면 지금 처한 난제를 해결해나갈 지혜가 생길 것이고 앞으로 해야 할 일들도 하나둘 그림 그려질 것이기에.

진정한 아름다움

19세기 프랑스 화가 장레오 제롬의 그림 <판사들 앞의 프리네>의 주인공 프리네는 포세이돈을 기리는 제례에서 바다의 신 아프로디테의 모델이 되었다는 이유로 신성모독죄로 고발당하여 사형당할 위기에 처한다. 그러자 그녀의 변호를 자처한 히피리데스는 "프리네는 아름다우니 선처해달라"며 심판관들 앞에서 그녀의 옷을 벗겨버렸다. 그녀의 알몸을 본 심판관들은 그 황홀한 모습에 반하여 "아름다운 것은 모두 선하다"며 무죄 판결을 내렸다.

1987년 대한항공 폭파범 김현희를 기억하는가? 그녀에 대해서는 지금까지도 여러 논란이 있지만, 그 당시 백여 명을 죽음에 몰고 간 폭파범의 모습을 보고 다들 깜짝 놀랐다. 연약한 여자가 어떻게 그리 잔인한 일을 할 수 있었을까 해서고 예뻐도 너무 예뻐서이다. 죽이기에 아까울 정도의 미모라는 여론과 함께 실제 그녀는 사형당하지 않았고 몇 년 후 풀려났다.

요즘 연예인들은 어쩜 그렇게 다들 마네킹 같은 얼굴과 몸매를 하고 있는지 신기하다. 아이돌뿐만 아니라 중견의 배우들조차 매끈한 방부재 미모를 보인다. 주변에서도 연예인급 외모를 가진 이들을 쉽게 볼 수 있다. "예쁘면 다 용서된다"는 진심 담긴 농담도 돌고 돈다.

남녀노소를 떠나 예쁜 사람을 누가 좋아하지 않겠는가. 단지 아름다운 것은 모두 선하다, 예쁘니까 다 용서된다는 남성 기준의 말들이 살짝 심기를 불편하게 할 뿐이다. 예쁘고 날씬하면 자기관리 잘 한다며 극찬하고, 덜 예쁘거나 통통하기만 해도 게으른 사람으로 폄하하다보니 불경기에도 각종 뷰티샵들은 여기저기서 성행중이다.

공부하느라 외모에는 관심 없을 것 같은 중고등학생들도 지나치다 싶을 정도로 소식을 하고, 방학기간 성형은 줄을 잇는다. 자칫 외모지상주의로 빠져 내적인 부분과 개성을 잃을까 우려된다. 모두가 다 예뻐진다면 안 예쁜 것이 예쁜 것이 될 수도 있다. 쌍꺼풀 없는 작은 눈의 연예인들이 최근 두각을 나타내는 것을 보면 알 수 있다.

화무십일홍이라 했다. 열흘 붉은 꽃이 없다. 즉 미모, 젊음, 권력은 반드시 쇠하여짐을 비유하는 말이다. 외형적인 것은 아무리 고친다 해도 쇠하기 마련이다. 하지만 마음은 더욱 아름답게 성숙시켜 나갈 수 있다. 타인의 눈을 의식하며 외관에만 신경 쓰는 이들보다는 자기성찰과 봉사 등 내적 성숙을 위해 노력하는 사람이 진정 아름다운 사람이 아닐까?

1950~60년대를 풍미했던 세기의 여배우 엘리자베스 테일러와 오드리 헵번은 젊은 시절에는 절세미모로 만인의 가슴을 설레게 했다. 하지만 이들의 노년 모습은 많이 달랐다. 외면의 아름다움만 추구했던 엘리자베스 테일러는 성형, 알콜중독, 여덟 번의 결혼 등 사람들에게 부정적인 모습으로 비쳐지다 갔고, 오드리 헵번은 유니세프 특별대사로 어렵고 가난한 사람들을 돌보며 많은 사람들에게 감동을 주다 갔다.

주름이 자글자글한 오드리 헵번의 노년 사진이 가장 아름다운 얼굴로 뽑히는 것을 보면, 진정한 아름다움은 외적인 것이 아니라 내면의 성숙함에서 나오는 것 같다. 외적인 아름다움은 언젠가는 쇠하지만 내적 아름다움은 영원히 쇠하지 않는다. 그러니 우리도 진정한 아름다움을 위해 노력해 나가야 하지 않겠는가.

나눔을 통해 얻는 제2의 삶

신실한 신앙심에다 가족 사랑이 유난히 커서 집, 교회, 직장, 마트가 전부인 삶을 오랜 기간 살아온 여인이 있다. 가족모임이나 가족여행 외에는 어떤 모임의 야유회나 저녁모임도 거의 나가지 않으며 스스로 왕따를 자처하고 나섰더랬다. 쳇바퀴 돌 듯 하는 삶이 지루할 만도 한데 그녀는 전혀 지루해하지 않고 편안하니 행복하다며 바깥 활동하는 여자들을 정신 나간 여자들로 취급하며 나무랐었다.

그러던 그녀가 아이들을 다 키우고 더 이상 할 일이 없어

지자 무료함이 심해지더니 우울 증세까지 보였다. 신앙심도 감당할 수 없을 만큼 그녀의 상태는 심각해져갔다. 그래서 지인들이 혹시나 하는 마음에 사회봉사 활동을 권유하게 되었는데 잘 맞았는지, 봉사활동을 시작으로 그녀의 활동 폭은 점점 넓어져갔다. 모임도 많아지고 만나는 사람도 늘었다. 무료할 틈 없이 바쁘게 살다보니 그녀의 우울증은 자연히 사라졌다.

가족을 풍족하게 부양하기 위해 돈 버는 일에만 매진하던 한 신사분은 과로로 죽을 고비를 넘기고 나서야 한번뿐인 인생 이렇게 살면 안 되겠다는 생각을 하게 되었다고 한다. 그래서 어떻게 살 것인가 고민하다가 봉사의 길에 들어서게 되었다. 죽을 고비를 넘긴 사람들은 삶에 대해 매우 진지하고 적극적이 된다. 이 신사분도 진심이 느껴지는 적극적인 봉사와 겸손한 행동 등으로 구성원들의 지지를 받아 빠른 시간 안에 여러 단체의 장을 맡는 등 영역을 넓혀나가며 삶의 보람을 느끼고 있다. 고민도 사라지고 건강도 찾았다니 일석삼조다.

봉사는 국가나 사회 또는 남을 위하여 자신을 돌보지 않고 힘을 다해 애쓰는 일이다. 나에게 있는 재능, 시간, 금전

등을 이웃과 함께 나누는 일이다. 얼마나 훌륭한 일인가! 어떤 이익을 바라지 않고 순전한 마음으로 타인을 위해 나를 희생하는 것이다. 그런데 그 희생은 오히려 나를 살리고 보람과 희망을 덤으로 준다. 나눔을 통해 제2의 인생을 살게 한다. 그래서 봉사의 기쁨을 맛본 사람들 중에는 보통 사람들이 보았을 때 중독처럼 보일 만큼 봉사에 매진하는 모습도 볼 수 있다. 미쳐야 산다고 하지 않는가. 어떤 일에 미친다는 것은 전문가, 장인의 모습이다.

봉사도 자신의 목적을 달성하기 위해 대충 시간 때우듯이 할 것이 아니라 장인정신으로 해야 한다. 안산에는 사회봉사단체가 많다. 단체의 구성원들 중에는 열심인 분들도 많지만 정말이지 봉사정신은 전혀 없고 이름내세우기나 이익실현만을 목적으로 활동하는 이해타산적인 사람도 여럿 있다. 그들은 실제 봉사는 거의 하지 않고 소극적으로 행동하다가 얼굴 내미는 일에만 적극성을 띤다. 열심히 봉사하는 사람들 눈에는 정말이지 밉상이다. 보통은 그런 그들의 행태를 보고도 못 본 척 하다 보니 얼마간은 그들이 잘 되는 것처럼 보일 수도 있다. 그러나 다행인 것은, 시간은 좀 걸려도 그런 사람들은 추수할 때 가라지가 솎아지는 것처럼 걸러지고 순수하게 열심히 봉사하는 알곡 같은 사람들만 남아 인정받게 된다는 것이다.

단순히 남을 도우며 보람을 느끼는 정도에 그치지 않고, 자신이 속해있는 곳에서 스스로의 삶에 대한 관심과 참여로, 자신과 함께하는 사람들의 삶을 변화시키는 참된 봉사의 길을 간다면 더욱 좋겠다. 남녀노소를 막론하고 자기성장과 자아실현은 물론, 지역사회 공동체의 문제를 해결하여 더 좋은 공동체 건설을 추구하려는, 적극적인 봉사자들이 많아졌으면 한다. 작은 티끌이 모여 산을 이루듯 작은 봉사도 모이면 큰 문제를 해결할 수 있다. 그러면 살기 좋은 마을, 도시, 나라가 될 것이니 우리 한 번 봉사에 미치는 제2의 삶을 설계해보자.

건강하게 버리기

무언가 정리가 필요한 시점이다. 우선 넘치는 옷으로 구역질을 하는 장롱부터 정리했다. 막상 입을 옷은 별로 없는데

빼곡한 장롱 안은 나를 질식시키기에 충분했다. 작아져서 입지 못하는 옷들, 유행이 지난 옷들, 버려야 할 옷들이 세 보따리나 나왔다. 그 중 아까워서 남도 주지 못하고 나도 입지 못하던 옷을 모아 큰 맘 먹고 사람들의 왕래가 많은 이웃집으로 갔다.

보따리는 생각했던 것보다 금방 동이 났다. 그동안 내게서는 아무런 역할도 하지 못하던 옷들이 임자를 만나 빛이 나는 것을 보니 흐뭇했다. 사람이나 물건이나 다 임자가 따로 있다는 말이 실감나는 부분이다. 더불어 내게도 옷이 생겼다. 비록 내가 작아서 못 입는 옷을 그녀들이 입고 그녀들이 커서 못 입는 옷을 내가 입으니 조금은 씁쓸(?)한 교환이었지만, 여유로워진 장롱을 보니 마음이 홀가분해졌다.

내친김에 주방도 정리했다. 네 식구 살림에 무슨 그릇이 그리 많은지 여기저기 쌓였다. 언젠가는 쓰겠지 하며 작은 플라스틱 통 하나 버리지 않고 모아둔 결과다. 몇 년이 지나도록 찾지 않던 그릇들은 색이 변하고 찌들어 쓸 수 없는 상태다. 그래서 이번에는 꼭 필요한 것만 챙기고 나머지는 과감하게 분리수거함으로 보내버렸다. 뭔가 쾌감이 느껴졌다.

<아무 것도 못 버리는 사람>에서 저자 캐런 킹스턴은 아

무 것도 버리지 못하는 사람은 아무 것도 받지 못한다고 말한다. 받을 공간과 여유가 없기 때문이라고. 그렇다. 우리는 빈 공간을 그대로 두지 못하고 무언가로 계속 채우려 한다. 그리곤 좁은 방을 원망한다. 쓰지도 않으면서 버리지도 못하고 아까워서 남도 주지 못한다. 그렇게 짐들은 쌓여만 가고 결국 쓰레기로 변한다. 쓸 만할 때 필요한 사람에게 주면 그나마 제 수명이라도 다 할 수 있는데 말이다.

필요 없는 물건을 잘 버리는 것만큼, 마음에 가득한 욕망과 집착을 버리는 것 또한 중요하다. 돈, 명예, 권세, 사랑에 너무나 집착하는 추한 사람들을 본다. 그리고 그들을 욕하면서도 어느새 그들의 대열에 끼여 있는 평범한 우리를 발견한다. 돈, 명예, 권세, 사랑을 원하는 것이 나쁜 것은 아니다. 때에 따라서는 욕심도 필요하다. 하지만 그것이 도를 넘어 욕망이 되고 집착이 된다면 삶은 피폐해질 것이다.

사랑만 해도 그렇다. 사랑이라고 어디 무조건 아름다운가. 부모, 자식, 배우자, 연인, 친구, 이웃에 대한 배려와 이해 없이 자신의 감정에만 급급한 이기적인 사랑은 더 이상 사랑이 아니라 올가미고 폭력이다. 상대를 지치게 하고 벗어나고 싶게 만드는 것이다.

무엇이든 도를 넘으면 추해진다. 그래서 우리는 끊임없이 자신의 내면을 청소하며 욕망과 집착을 버려야 한다. 물론 이상과 현실이 달라 생각과 행동이 일치하지 못하는 어려움을 안다. 하지만 그럼에도 불구하고 노력해야 하겠다. 그래서 형식에 치우치는 옛사람은 버리고 내용이 알찬 새사람이 되어야겠다.

"사랑은 참으로 버리는 것 더 가지지 않는 것. 이상하다 동전 한 닢 움켜잡으면 없어지고 쓰고 빌려주면 풍성해져 땅 위에 가득 하네. 오! 사랑은 참으로 버리는 것 더 가지지 않는 것"

책 읽는 가로등

얼마 전 길을 나서다가 아파트 공원 벤치에 앉아 책을 읽고 있는 한 여성이 눈에 띄어 유심히 바라보았다. 급한 볼일이라 서둘러야 하는데도 오래간만에 보는 인상적인 모습에 그녀 앞을 지나가는 시간만큼은 천천히 걸었다. 내용은 알 수 없으나 꽤 두꺼운 분량의 책을 들고 있는, 화장기 없는 평상복 차림의 그녀에게서 뭔가 특별함이 느껴졌다. 시선이 따가웠는지 그녀가 고개를 드는 바람에 넋 놓고 바라보다가 잠시 눈이 마주쳤다.

벤치와 책! 조화롭고 정겹다. 예전에는 곳곳의 흔한 풍경이었는데 요즘은 찾아보기 힘들어졌다. 휴대폰이 그 자리를 차지하면서부터 책 읽는 사람들은 도서관이나 서점에 가야 볼 수 있다. 휴대폰에도 책이 저장되어 꺼내 읽을 수도 있겠지만 종이책을 읽는 모습과는 느낌이 사뭇 다르다. 그래서 오래간만에 보는, 벤치에 앉아 종이책을 읽는 분위기 있는 한 여성에게 잠시 마음이 빼앗겼던 것이다.

책을 많이 읽는 사람은 생각이 깊고 넓어 여유가 있다. 정보의 홍수로 얻는 다양하지만 얕은 지식층에서 보이는 조급함이나 얍삽함이 없다. 책을 많이 읽는 사람과 대화를 나누면 그들의 풍요롭고 풍성한 영성이 전해져 뇌가 정화되는 느낌을 받는다. 필자는 학생들에게 독서토론과 글쓰기를 가르치고 성인들에게 서평 강의도 하며 칼럼도 쓰고 있지만 여전히 조급하고 얍삽한 모습을 지니고 있다. 그만큼 독서량이 부족하다는 증거다.

조금 늦더라도 책을 통해 마음의 양식을 차곡차곡 쌓아야 흔들림 없이 알차고 단단한 곳간이 됨을 알면서도, 늘 바쁘다는 핑계로 급행 SNS의 막무가내 정보에 그때그때 기대곤 한다. 필자뿐 아니라 현대인의 대체적인 모습일 것이다. 아는 것은 많은데 체계가 없어 잡다한 생각들이 머리를 복잡하게 만든다. 정보를 얻지 못하면 불안하고 대화중에 끼지 못하면 머리가 아프다. 항상 무언가에 쫓기는 기분이다. 요란한 빈 수레 같다.

그래도 주변에 독서모임을 결성하거나 찾아다니며 꾸준히 책을 나누려고 노력하는 이들이 많아 다행이고 더불어 행복하다. 필자가 강의하는 중앙도서관 시민서평단의 회원들도 매주 서평을 써온다. 책 한 권에 대한 서평을 쓰려면 적어도 두 번 이상은 정독해야 한다. 어떤 이는 다른 책과 비교하기 위해 서너 권의 책을 읽기도 한다. 책을 읽고 글을 쓰는 과정은 생각보다 힘들다. 그래서 포기하는 이들도 많다. 하지만 그 고비만 넘기면 꿀 같은 맛을 느낄 수 있다.

도서관의 다양한 독서프로그램, 지역 서점에서 운영하는 독서포럼, 문학 단체의 글쓰기 스터디 등 찾아보면 돈 들이지 않고도 마음의 양식을 얻을 곳이 많다. 바쁜 현대 사회에서 여유를 갖고 싶다면, 불안한 경쟁사회에서 마음의 안정을 얻고 싶다면, 잡생각들로 가득한 머릿속을 정리하고 싶다면 책 읽기를 권한다. 인내심이 없어 혼자 지속하기 힘들다면 함께 하는 프로그램을 찾아보기 바란다. 서로 독려하며 꾸준히 책을 읽다보면 얼마 후 변해있는 자신의 모습을 발견하게 될 것이다.

실제로 2년째 꾸준히 중앙도서관 시민서평단으로 활동하며 매주 책을 읽고 글을 써오는 단원들 중에는 현재 지역신문에 서평을 기고하거나 작은 도서관에 자신만의 서평 코너가 생기거나 각종 대회에서 수상하는 영예를 얻고 있어, 달라진 삶에 스스로 놀라며 행복한 고백을 해오고 있다. 노력에 대한 성과다. 안산문인협회 평생문학대학 문학스터디반을 통해 글쓰기를 처음 접한 이들 중에서도 꾸준한 노력과 주변의 도움으로 문학지에 등단하여 작가로 활동하는 이들도 있다.

이런 사례는 곳곳에 많다. 조금만 관심을 돌리면 우리의 삶이 바뀔 수 있다. 그 모든 것에 우선은 책 읽기다. 예전처럼 공원 곳곳의 벤치에 앉아 책 읽는 이들의 아름다운 모습을 자주 볼 수 있으면 좋겠다.

문화의 도시 안산이라고 하는데 시각적으로 책 읽는 시민들의 모습이 밤낮 보이면 더 좋지 않겠냐며 필자에게 시청에 가서 건의를 좀 해달라고 하던 한 선생님의 말이 생각난다. 꼭 보이기 위해서라기보다는 그런 공간이 공원이나 정거장 등 곳곳에 있으면 자연히 책을 읽지 않겠냐는 의견이다. 책이 있는 벤치와 그 옆의 가로등. 생각만 해도 멋지다. '누구나 어디서나 책 읽는 안산'이라는 그분의 고견이 실현되길 바란다.

어떻게 살 것인가

작년 12월, '2018 안산의 책' 선정위원의 한 명으로 유시민 작가의 《어떻게 살 것인가》를 적극 추천했었다. 많은 공감대 형성에 힘입어 시민투표에서 일반도서 부문 1등을 차지했으나, 섭외 불발로 인하여 정세랑 작가의 《피프티 피플》에게 자리를 양보한 사연 있는 책이다.

유시민 작가는 특별하다. 그의 말에는 집중하고 감탄하며 매료되게 만드는 힘이 있다. 글 또한 그러하다. 아무리 어려운 내용도 그를 거치면 단순해지고 명료해진다. 아마도 타고난 재능에 노력이 더해진 결과일 것이다. 글을 쓰고 강의하는 입장에서 무척 부럽다.

《어떻게 살 것인가》는 2013년 출간되고 지금까지 29쇄나 발행된 베스트셀러다. 정치를 하면서 망가졌던 그의 이미지가 다시 좋아지는 계기가 된 책이기도 하다. 그는 작가로 강연자로 있을 때 가장 빛난다. "정치를 바꾸고 싶었으나 못 바꿨다. 정치가 주는 괴로움을 알았더라면 정치를 하지 않았을 것"이라는 고백처럼 정치인일 때보다 국민들에게 더 긍정적이고 좋은 영향력을 미친다.

책의 구성은 프롤로그 나답게 살기, 1장 어떻게 살 것인가, 2장 어떻게 죽을 것인가, 3장 놀고 일하고 사랑하고 연대하라, 4장 삶을 망치는 헛된 생각들, 에필로그 현명하게 지구를 떠나는 방법 순으로 되어 있다. 매 장마다 그가 생각하는 좋은 삶과 죽음에 대한 가볍지 않은 철학적 내용을 자전적 경험과 유명인의 일화를 동원해 쉽고 간결하게 설명하고 이해시킨다. 절대 강요하지 않는다.

유시민은 '가치와 의미 있는 일에 자기결정권을 가지고 자기방식대로 자기답게 사는 것이 좋은 삶'이라고 정리한다. 비록 고난이나 핍박을 당하고 가난한 삶을 산다 하더라도 거기에 가치와 의미가 부여된다면 훌륭한 삶이 된다는 것이다. 그렇게 살기 위해서는 타인에게 흔들리지 않을 정신적, 정서적 능력을 길러야 하는데, 누구나 상처받고 다치면서 살아가지만 스스로 치유할 수 있는 힘을 기르면 자신은 물론 타인의 아픔도 이해하고 보듬을 수 있는 성숙한 인간이 될 수 있단다. 세상, 타인, 자신, 하는 일에 대한 일정한 거리두기를 상처 덜 받는 비법으로 권한다.

"부정적이고 어두운 감정과 긍정적이고 밝은 감정은 얼굴에 그대로 나타나게 되어 있다. 그러니 잘 살고 있는가, 이대로 살아도 좋은가를 확인하고 싶다면 거울이나 사진을 보라." 언젠가 강연에서 했던 작가의 말이다. 매일 보는 거울보다 어쩌다 찍히는 사진이 더 선명하겠다. 최근 모 단체의 간부로 있으면서 계속된 삐거덕거림으로 일그러진 내 얼굴이 보였다. 잘 살고 있지 못한 것이다. 그래서 내려놓았다. 안 맞는 정치에서 은퇴하고 행복을 찾은 작가처럼, 비우고 나니 밝고 예뻐졌다는 말을 참 많이 듣는다.

존재감을 드러내는 '일', 지친 몸에 에너지를 공급하는 '놀이', 세상을 아름답게 만드는 '사랑', 타인에 대한 공감으로 사회적 선을 이루는 '연대'가 어느 한 쪽으로 치우치지 않고 조화를 이룰 때 진정 행복하고 만족한 삶을 살아갈 수 있다는 작가의 말에 깊이 공감함과 더불어, 죽음에 대한 준비가 필요하다는 식견에는 박수를 보낸다. 실제로 기독교에서의 죽음은 고향으로 돌아가는 일이기에 망자를 축복 속에서 배웅한다. 그런데 장례식을 살아생전에 하는 것까지는 생각지 못했던 부분이라 신선했고 삶을 정리한다는 차원에서 괜찮은 생각 같다.

유시민의《어떻게 살 것인가》를 읽은 독자들은 대체로 다양한 SNS 활동을 통해 답답하던 삶에 도움이 되는 방향을 제시받았다고 평한다. 나 역시 그러하다. 안개가 걷힌 느낌이다. 안산의 책으로 추천했던 만큼 많은 안산시민들이 읽어보기를 재삼 권한다.

마른 꽃

<마른 꽃>은 2006년 출간한 박완서 작가의 소설집 《너무도 쓸쓸한 당신》 안에 있는 단편소설 중 한 편이다. 홀로된 60대 여인의 연애 감정을 해학이 있는 수려한 문장으로 담담하게 풀어내어 흥미롭다. 몇 년 전까지만 해도 그리 와 닿지 않던 이 소설이 요즘 은근히 공감되는 것을 보니 나도 황혼 쪽으로 기우는가 보다.

주인공은 지방에서 열린 친정조카의 결혼식에 갔다가 이래저래 마음이 상한 상태로 상행선 고속버스에 오른다. 우연찮게 동년배 남성과 옆자리에 앉게 되는데 준수한 외모와 따뜻한 눈빛을 가진 남자로 인해 가슴 울렁임을 느낀다. 서로에게 호감이 생긴 두 사람이 밤 버스에 나란히 앉아 말을 섞음으로 황혼의 로맨스는 시작된다. 그러나 열여섯 소녀처럼 달콤했던 연애의 환상은 재혼이야기가 나오면서 서서히 깨진다.

"지금 조 박사를 좋아하는 마음에는 그게 없었다. 연애감정은 조금도 다르지 않은데 정욕이 비어 있었다. 정서로 충족되는 연애는 겉멋에 불과했다. 정욕이 눈을 가리지 않으니 너무도 빠안히 모든 것이 보였다. 아무리 멋쟁이라 해도 어쩔 수 없이 닥칠 늙음의 속성들이 그렇게 투명하게 보일 수가 없었다…… 그런 것들을 아무렇지도 않게 견딘다는 것은 사랑만 있다고 되는 것이 아니다."

노년의 사랑도 가슴 뛰는 떨림이 있고 웃다가 울다가 화냈다가 즐거워하는 간사스러운 연애 감정을 가질 수 있으나, 그 사랑만으로는 재혼생활이라는 현실이 가려지지 않아 이것저것 재게 되고, 빤히 노후의 추함이 보이니 상상만으로도 감당하며 살 자신이 없어진다는 것이다. 그녀에게는 노후의 추함을 아무렇지도 않게 견디고 극복할 무언가가 절실히 필요했다.

그것은 '적어도 같이 아이를 만들고 낳고 기르는 그 짐승스러운 시간을 같이 한 사이가 아니면 안 되는 것'이다. 그래서 그녀는 빤히 보이는 노후의 추한 현실을 극복할 정도의 열정과 정욕이 배제된 사랑은 겉멋에 불과하다며 결국 수십 년의 세월을 되돌려놓을 만큼 달콤했던 황혼의 로맨스를 접는다. 겉멋에 비해 정욕이 얼마나 아름다운 것인지 깨달았기 때문에 재고의 가치가 없다고 말한다.

죽은 남편과의 결혼생활은 지지고 볶고 사느라 정작 시들했을 터이지만 그래도 노년에 접어든 황홀한 연애와의 사이에 결정적 차이가 있다. 바로 정욕의 있고 없음이다. 정욕이라는 말이 이성의 육체에 대한 성적 욕망으로 그다지 긍정적인 말이 아니지만, 이 작품 <마른 꽃>에서의 정욕은 단지 육체적 욕망뿐만이 아니라 물불 안 가릴 뜨거운 사랑이 포함되어 있다.

정서로만 충족된 사랑은 마냥 연애만 하면 모를까 콩깍지는 씌지 않아 조건을 보지 않고 결혼까지 가기란 쉽지 않다. 콩깍지는 서로를 탐하는 정욕이 밑받침 되어야 가능하다. 부부가 서로 노후의 추함을 덮어가며 덤덤히 잘 살아낼 수 있는 것은 아이를 만들고 낳고 기른 정욕의 시간을 함께 했기 때문이다. 그래서 주인공의 말처럼 정욕은 본래 아름다운 것임을 인정하지 않을 수 없다.

박완서 작가의 문체는 쉽고 재미있으면서 품위가 있다. 저마다의 소시민적 사연을 통해 독자들에게 위로와 희망, 그리고 용기를 불어넣어준다. 그래서 그녀의 작품이라면 무조건 읽고 봤었다. 그리고 신작을 기다렸었다. 그런데 지금 이곳에 그녀는 없다. 더 이상 신작도 없다. 하지만 내 문학의 어머니이기도 한 박완서 작가의 지난 작품을 되풀이해 읽고 권함으로 그녀와 그녀의 지극히 인간적인 작품들이 영원히 기억되길 바란다.

아기 펭귄 보보

대학생 딸아이가 재미있으니 읽어보라고 사준 그림동화책이다. 어린이를 위한 동화라기보다는 '이루어지지 않을 것을 알면서도 꿈꾸는 나이 들기 싫어하는 모든 어른을 위한 일러스트 동화'란다. 하드표지를 여니 '꼭 무엇이 되지 않아도 괜찮은 신현미님께 드립니다.'라고 써져 있다. 사소한 문구 하나에 따뜻한 위로와 감동을 받는다.

등장인물은 별난 아이디어를 잔뜩 가지고 있는 아기 황제펭귄 보보, 뭐든 만드는 재주가 있는 이웃집 누나 코코, 가정주부인 아빠 알프래드, 남극의 유명 펑크록 가수인 엄마 캐서린, 여러 지역을 돌며 현지 문화를 연구하는 삼촌 베네딕트, 아빠와 함께 기르는 애완동물 아기 바다표범 눈송이, 빙

하나라의 전설 속 생물인 거대펭귄(인간), 아무리 마셔도 취하지 않는 아델리펭귄의 어르신 듀크 이렇게 여덟 명이다.

두 날개가 있지만 날지 못하고 두 다리가 있지만 뒤뚱뒤뚱 걷는 남극의 신비한 새 펭귄. 다큐멘터리 촬영 팀이 생태 관찰 카메라를 설치해서 이들의 생활을 몰래 지켜보는 것으로 이야기는 시작된다. 하늘을 날고 싶다는 꿈을 가지고 있는 아기펭귄 보보와 그의 가족, 그리고 주변인들의 잔잔한 일상이 인간의 삶과 오버랩 되며 유쾌한 깨달음을 준다. 이곳에는 편견이나 요구가 없다. 각자가 개성 있고 자유분방하다.

보보의 꿈을 통해 자신의 마음을 발산하기 시작했다는 작가 라이놀은 대만의 인기 일러스트레이터다. 동물을 주제로 한 그림을 많이 그리고, 생태와 젠더 친화적 소재에 대해서 두루 관심을 가지고 있다. 《아기 펭귄 보보》를 통해 다른 이에게 상처와 피해만 주지 않는다면 어떤 모습이든 자신이 원하는 대로 살 수 있음을 가장 전하고 싶었다고 한다. 더불어 좀 더 많은 사람들이 환경에 관심을 기울여주기를 바란다.

날지 못하더라도 슬프지 않다는 보보와 함께 꿈속에서 드넓은 바다 위를 나는 앨버트로스, 아프리카 초원을 누비는 타조, 숲속에서 춤추며 노니는 극락조, 전설 속 신성한 도도새, 빠른 속도로 수면 위를 스치는 제비, 당당하고 용맹스러운 돌꿩, 신성한 불씨를 되찾아온 직박구리, 온몸의 깃털이 다채로운 색깔과 무늬로 빛나는 벌새, 로키산맥의 하늘과 땅을 수호하는 안데스콘도르, 밤의 제왕 부엉이, 황제펭귄이 되는 꿈을 꾸어 보자.

《아기 펭귄 보보》를 펼치는 순간 이내 마지막장을 넘기는 자신을 발견할 것이다. 귀엽고 앙증맞은 캐릭터 그림에 꼭 필요한 말만 말풍선과 지문에 적절히 배치해 놓아 보는 재미와 읽는 즐거움이 있다. 중간 중간 생각을 메모할 공간도 있다. 쉽고 짧지만 많은 생각을 하게 하는 결코 가볍지 않은 그림동화다. 가족이 함께 읽으면 좋겠다.

고발

독서 모임에서 '반디'라는 필명을 가진 북한의 저명작가가 탈북자, 브로커 등을 통해 원고를 유럽으로 반출시켜 세상에 빛을 보게 된 《고발》이라는 책을 다뤘다. 20개 국가에 판권이 팔렸고 영국, 미국, 캐나다, 독일, 스웨덴 등에서 동시 출간되었으며 영국에서는 펜(PEN) 번역상까지 수상한 외국에서 더 유명한 책이다.

책 속 일곱 편의 이야기는 1987년부터 1995년 사이에 쓰인 단편 소설들로, 지금으로부터 20여 년 전 김일성 주석 사망 전후의 북한 상황을 배경으로 하고 있다. 지금의 북한과는 다소 거리가 있지만, 그런 점을 감안하고 읽더라도, 북한 작가의 생생한 글을 처음 접하게 되어 신선했다. 쾌락성, 철학성, 문학성을 고루 갖춘 글에 적지 않은 감동 또한 받았다.

《고발》은 북한식 사회주의 경제제도의 문제점, 출신 성분으로 구분되는 연좌제로 고통 받는 북한 주민들의 아픈 사연, 통제와 억압 속에 길들여진 나약한 존재의 무력감, 사상과 체제 속에 갇힌 슬픈 인간사, 감시 속에 유린당하는 인권 등을 담담하게 작품으로 담아 녹여놓았다. 그래서 더 가슴에 와 닿는다. 또한 그런 악조건에도 서민들의 인간애는 살아 서로를 챙기는 모습이 안타까우면서도 가슴 따뜻하다.

"옛날 어느 곳에 열 길 울타리를 빽빽이 둘러친 한 동산이

있었다우. 거기선 늙은 마귀가 수천의 종들을 거느리구 있었구요. 한데 놀라운 건 그 동산의 열길 울타리 안에선 언제나 웃음소리밖에 들려나오는 것이 없었다는 거였어요. 사시절 하하호호 하고 말이지요. 그건 바로 늙은 마귀가 자기의 종들한테다 온통 웃는 마술을 걸어놓았기 때문이었다나요. 왜 그런 마술을 걸어놓았냐구요? 그야 물론 종들을 학대하는 자기 죄행을 가리우고 우리 동산 사람들은 이렇게 행복합니다 하는 속임수를 쓰기 위해서였지요. 그러자고 다른 동산 사람들이 넘볼 수도, 드나들 수도 없게 열 길 울타리두 쳤던 거구요. 그러니 글쎄 생각 좀 해보시우. 그 동산 사람들의 입에서는 어디가 아프거나 슬퍼서 엉엉 울어도 그것이 하하호호 하는 웃음소리만 되어 나왔으니 세상에 그처럼 악한 마술이 어디 있고 그처럼 무시무시한 동산이 또 어디 있겠수."

다섯 번째 단편 '복마전'에 나오는 할머니가 손녀에게 들려줄 창작동화 내용이다. 이 책 《고발》을 해학적으로 압축해 놓은 것 같아 시원하고 통쾌하고 재밌다.

20여 년 전 북한의 상황은 암울했다. 지금의 북한 관련 소식을 들어도 더 나아진 것은 없는 것 같다. 김일성보다 사나운 김정은의 막나가는 행태를 보면 더욱 그러하다. 하지만 실제로는 요 몇 년 사이 화려한 고층빌딩 증가, 휴대폰 등 전자기기의 높은 판매율, 대형마트 등 시장상권 형성, 자본가 등장 등 급속도로 변하고 있다고 하니 불안하다.

북한이 가지고 있는 값싸고 생산력 높은 인력과 손 타지 않은 천연자원 등은 강대국들 사이에서 누가 먼저 신대륙에 배를 댈 것인가 하는 경쟁을 부추기는 상황이라고 통일 관련 전문가들은 말한다. 그러함에도 우리가 손 놓고 구경만 하는 실정이라 답답하단다. 일개 서민인 필자조차 조바심이 나는 부분이다. 원래 우리는 한 민족으로 한 나라였는데, 북한 땅도 우리 땅이었는데, 더는 다른 나라에 뺏기면 안 되는데 말이다.

북한 체제에 견디지 못하고 탈출하여 남한으로 온 새터민들의 삶은 곤고하다. 일부 고위층을 빼고는 나아진 것이 없단다. 우리나라 서민들도 일자리가 없어 먹고 살기 힘든 시기이니 오죽하랴. 그런데 통일이 되면 이런 문제가 해결이 될 것으로 전문가들은 내다보고 있다. 남쪽의 기술력과 북쪽의 자원이 합쳐지면 시너지 효과를 내어 세계 강대국 대

열 합류도 가능하다고 하지 않는가. 십여 년 전 개성공단 등 남북이 교류하며 곧 통일이 이루어질 것만 같던 시절이 그리웠는데, 최근 들어 그 가능성이 조금씩 보이는 듯하여 가슴 설렌다.

조선이 버린 천재들

천재란 선천적으로 보통 사람보다 아주 뛰어난 정신 능력이나 재주를 가진 사람을 말한다. 천재는 한 분야에 뛰어나다. 그래서 창조적이다. 앞을 내다보는 기술이 있다, 섬세하여 작은 것도 잘 살핀다. 영역을 넘나들며 연결하는 능력이 있다. 실수를 두려워하지 않는다. 영감을 자극하기 위해 단순화시키는 능력이 있다. 그래서 아인슈타인처럼 대체로 실적이 크거나 성공한 인물을 주로 다룬다.

그런데 여기 천재를 다르게 해석하고 이야기하는 이가 있다. 바로 역사학자 이덕일 박사다. 그는 많은 것을 외우고 있는 사람이 아니라, 대다수 사람이 상식이라고 믿는 개념과

구조에 반기를 들고 싸운 사람들을 천재라고 말한다. 그리고 조선시대 생존 당시에는 주목받지 못했거나 왜곡되어 버림받았던 비운의 천재들을 찾아 저서 《조선이 버린 천재들》로 재조명 해놓았다.

이 책은 '2017 안산의 책'으로 선정되어 작년 한 해 안산 시민들에게 특별히 주목을 받았다. 그래서 필자는 이전에 선정되었던 책들처럼 대중적이리라는 편안한 마음으로 접했다가, 생각보다 잘 읽히지 않아 애먹었다. 딱히 어려운 단어는 없는데 왜 안 넘어갈까? 역사학자의 쉽지 않은 문체가 일정 수준 이상의 지적 독해력을 요구하여 그런 듯하다. 그래서 오래도록 옆에 끼고만 있다가 얼마 전 작심하고 다 읽어버렸다.

그 시대의 틀을 깨고 왕도정치를 꿈꾼 비운의 혁명가 정도전, 죽음으로 맞서 천주교를 지키려한 정하상, 노동의 가치를 아는 자가 정치를 해야 한다는 신념으로 직접 농사지으며 백성의 가난을 구제하려 한 이익, 신하로서 임금을 내쫓을 순 없다며 끝까지 광해군에 대한 의리와 절개를 지켜낸 유몽인 등 스물두 명의 천재가 나온다. 안산의 인물 성호 이익 선생으로 책이 더욱 친근하다. 그들이 우리에게 묻는다. "너희들의 시대는 나의 시대와는 다른가?"

시대를 앞서갔던 그들에겐 공통점이 있다. 뛰어난 이론가, 학자, 실천가였다. 현실의 불합리함에 타협하지 않았다. 시대를 넘어 닫힌 시대의 상식을 거부하고 열린 시대를 꿈꿨다. 모두가 "예"라고 대답할 때 "아니요"라고 말할 수 있는 용기와 결단력을 가졌다. 말과 행동으로 불러올 불이익에 당당히 맞섰다. 세상에 제대로 쓰이지 못했다. 그들의 사고와 신념은 당대에는 빛을 발하지 못하지만 후세에 변화를 가져오고 재조명 되어 교훈과 감동을 준다.

당시에는 실패한 인생이었을지 몰라도 그들이 남겨준 소중한 정신적 유산을 접하고 보니 우리 또한 후세들을 위해 어떻게 살아야할지 고민하게 된다. 뛰어난 사고와 행동하는 실천력을 가지고 있는데도 불구하고, 생각이 튀고 나와 다르다는 이유로 배척하고 비하하는 사회적 분위기로 우리의 미래를 암울하게 하지 않도록 이제 우리가 나설 때다. 역사를 바로 알면 미래가 보인다.

다행히 미래는 밝다. 시대가 달라졌기 때문이다. 소셜 네트워크의 발달로 지배적인 수직적 사회에서 평등한 수평적 사회로 급속히 변해가고 있다. 이제는 저 높은 곳에 계신 분들조차 서민들의 눈을 가리고 아웅 할 수 없다. 그러다 큰 코 다치는 경우를 종종 보지 않는가! 빠르고 정확한 정보력에 이제는 모두가 뛰어난 이론가, 학자, 실천가다. 그러니 모두가 천재인 세상이 온 것이다.

실제로 요즘 '천재'라는 단어가 유행처럼 번지고 있다. 얼굴천재, 연애천재, 미소천재, 애교천재, 선행천재, 공연천재, 요리천재, 방송천재, 유행어 천재, 심부름 천재 등 그 사람이 지닌 장점이 하나라도 있으면 '천재'를 붙여 쓰곤 한다. 나쁘지 않다. 각기 다른 개성을 인정하고 장점을 살려 나누는 삶을 사는 천재들의 세상에서 어떻게 천재를 버릴 수 있겠는가!

누구는 소셜 네트워크의 발달로 미래에는 바보들의 세상이 올지도 모른다고 걱정도 하지만 필자는 그렇게 생각하지 않는다. 인간은 모든 어려움을 극복하고 아름다운 미래를 만들어 갈 것이다.